A REVOADA DOS ANJOS DE MINAS

(Ou *A diáspora de Mariana*)

J.D. VITAL

A REVOADA DOS ANJOS DE MINAS

(Ou *A diáspora de Mariana*)

autêntica

Copyright © 2016 José das Dores Vital
Copyright © 2016 Autêntica Editora

Todos os direitos reservados pela Autêntica Editora. Nenhuma parte desta publicação poderá ser reproduzida, seja por meios mecânicos, eletrônicos, seja via cópia xerográfica, sem a autorização prévia da Editora.

EDITORA RESPONSÁVEL
Rejane Dias

EDITORA ASSISTENTE
Cecília Martins

REVISÃO
Lívia Martins

DIAGRAMAÇÃO
Guilherme Fagundes

CAPA
Diogo Droschi

IMAGENS DE CAPA
Frente: *no alto, foto de Armando Rozário/Quatro Rodas/ Ed_68_Abril Comunicações S/A; embaixo, foto de Sérgio Salgado do Seminário Maior São José, Mariana, Minas Gerais, Brasil, 1998.* Contracapa: *recorte, jornal* Estado de Minas, *15 set. 1966, fotos de Evandro Santiago.*

Dados Internacionais de Catalogação na Publicação (CIP)
(Câmara Brasileira do Livro, SP, Brasil)

Vital, J.D.
   A revoada dos anjos de Minas (ou A diáspora de Mariana) / J.D. Vital. – 1. ed. – Belo Horizonte : Autêntica Editora, 2016.

   Bibliografia.
   ISBN 978-85-513-0114-2

   1. Reportagem 2. Seminário Maior São José - Mariana (MG) - História I. Título.

16-07655   CDD-070.449

Índices para catálogo sistemático:
1. Seminário Maior São José : História : Mariana : Minas Gerais : Reportagem : Jornalismo 070.449

GRUPO **AUTÊNTICA**

Belo Horizonte	**Rio de Janeiro**	**São Paulo**
Rua Carlos Turner, 420	Rua Debret, 23, sala 401	Av. Paulista, 2.073,
Silveira . 31140-520	Centro . 20030-080	Conjunto Nacional, Horsa I
Belo Horizonte . MG	Rio de Janeiro . RJ	23º andar . Conj. 2301 .
Tel.: (55 31) 3465 4500	Tel.: (55 21) 3179 1975	Cerqueira César . 01311-940
		São Paulo . SP
www.grupoautentica.com.br		Tel.: (55 11) 3034 4468

Para Dico, meu irmão.

Agradecimentos

João Batista Lembi Ferreira
Monsenhor Flávio Carneiro Rodrigues
Luciana Viana Assunção
Padre Lauro Palú
Paulo Roberto de Magalhães
Padre Célio Dell'Amore
Fernanda Souza Silva
Associação dos Ex-Alunos dos Seminários de
Mariana (AEXAM)

Em memória

João Batista Libânio, SJ
Miguel Vital
Maestro Raimundo Santiago
Tobias Zico
Anderson Cordélio Gandra
Lúcio Valadares Portella
Fernando Luiz Telles Richard

1. *Às margens dos rios de Babilônia, nos sentávamos chorando, lembrando-nos de Sião.*

2. *Nos salgueiros daquela terra, pendurávamos, então, as nossas harpas,*

3. *porque aqueles que nos tinham deportado pediam-nos um cântico. Nossos opressores exigiam de nós um hino de alegria: Cantai-nos um dos cânticos de Sião.*

4. *Como poderíamos nós cantar um cântico do Senhor em terra estranha?*

5. *Se eu me esquecer de ti, ó Jerusalém, que minha mão direita se paralise!*

6. *Que minha língua se me apegue ao paladar, se eu não me lembrar de ti, se não puser Jerusalém acima de todas as minhas alegrias.*

7. *Contra os filhos de Edom, lembrai-vos, Senhor, do dia da queda de Jerusalém, quando eles gritavam: Arrasai-a, arrasai-a até os seus alicerces!*

8. *Ó filha de Babilônia, a devastadora, feliz aquele que te retribuir o mal que nos fizeste!*

9. *Feliz aquele que se apoderar de teus filhinhos, para os esmagar contra o rochedo!*

(Salmo 136.1-9, *Bíblia Ave Maria*)

*Nem Marx, nem Santo Agostinho, nem Spengler, nem
Toynbee, nem Comte, nem Sorokin, nem Maritain, nem
Nietzsche, nem Hegel, nem ... nenhum dos grandes filósofos
da História fez da idade uma força social revolucionária.*

*Pois eu acho que, neste momento, a maior força social da
história contemporânea é a idade, aquilo que a semana social
da França de 1962 chamou "la montée des jeunes".*

*Mas me sinto tão mais próximo aos moços,
tão mais afinado com eles, que as minhas
divergências com estes são mínimas, comparadas
com as minhas concordâncias com os velhos.*

Alceu Amoroso Lima, 19 de setembro de 1966
(*Cartas do pai*, p. 563, Instituto Moreira Salles)

Capítulo 1	Drummond	15
Capítulo 2	Roque	47
Capítulo 3	Guilherme	51
Capítulo 4	Palú	59
Capítulo 5	Lembi	75
Capítulo 6	Carneiro e Vidigal	89
Capítulo 7	Maurílio	103
Capítulo 8	Zico	109
Capítulo 9	Ramiro e Irineu	125
Capítulo 10	Ivanir	129
Capítulo 11	Lisboa	135
Capítulo 12	Josué	139
Capítulo 13	Mariosa	143
Capítulo 14	Pacheco	153
Capítulo 15	Terra	159
Capítulo 16	Geraldo	171
Capítulo 17	Diáspora	185
Referências		201

Capítulo 1

Drummond

Depois de receber a extrema unção, Silva Bélkior ergueu os olhos, encarou o sacerdote e lhe dirigiu uma pergunta perturbadora:

– Você já se casou?

O padre, com cara de Harrison Ford, não esperava por essa. Acabara de dar a comunhão ao enfermo, a pedido de Dona Fernanda de Souza e Silva, a esposa, preocupada com a salvação da alma do marido. O padre olhava-o com admiração, respeito e compaixão. Na juventude, Bélkior fora uma espécie de ídolo de sua geração.

Naqueles dias, padre Lauro Palú dirigia o Colégio São Vicente, um centro educacional de prestígio no Rio de Janeiro, onde estudou durante um ano o futuro presidente da República Fernando Affonso Collor de Mello. Para lá os superiores lazaristas exportavam as inteligências de qualidade, seus melhores quadros.

Antes do Rio, Lauro Palú havia servido no Seminário Maior de Mariana, em Petrópolis, no Seminário de Aparecida, quando o cardeal Carlos Carmelo Motta encabeçava a arquidiocese da terra da padroeira do Brasil, e em Belo Horizonte.

Sempre que chamado por Dona Fernanda, Lauro Palú comparecia ao apartamento de Silva Bélkior, no Leme. A primeira vez foi em um dia 19 de março de um ano que ele não se recorda. Lembra-se, no entanto, de que Dona Fernanda pediu para que ele desse uma bênção. "Aproveitei para dizer que era a festa de Sao José. E quando dei a bênção, Bélkior foi o primeiro a fazer o sinal da cruz" – o padre ministrou os santos óleos mais de uma vez ao doente, acometido pelo mal de Alzheimer e por outras complicações.

Silva Bélkior apresentava traços de lucidez e de ironia. Como nos tempos em que assombrava com sua inteligência os confrades lazaristas, o episcopado brasileiro e os seminaristas de Mariana.

Em 1967, então com seu nome original de Belchior Cornélio da Silva, fizera a tradução do ensaio *Revelação e Tradição*, do original alemão *Offenbarung und Überlieferung*, da festejada dupla de animadores do Concílio Vaticano II, os jovens teólogos alemães Karl Rahner e Joseph Ratzinger – este último seria eleito Papa com o nome de Bento XVI, na sucessão de João Paulo II.

A publicação, da editora Herder, ganhou o *"nihil obstat"* de Frei Valentim de São Paulo, um franciscano capuchinho que exercia a função de censor, e o *"imprimatur"* de Dom J. Lafayette, vigário-geral da arquidiocese de São Paulo.

Xará do centurião romano da culta cidade de Cesareia, convertido pelo apóstolo Pedro, padre Cornélio surpreendera também com outra publicação, desta vez em latim: *Carmina Drummondiana* – a tradução de 52 poemas de seu conterrâneo de Minas Gerais, o poeta Carlos Drummond de Andrade. O itabirano delirou quando leu *"Media in via"* – "No meio do caminho".

> *Media in via erat lapis*
> *erat lapis media in via*
> *erat lapis*
> *media in via erat lapis.*

Non ero unquam immemor illius eventus
pervivi tam mihi in retinis defatigatis.
Non ero unquam immemor quod media in via
erat lapis
erat lapis media in via
media in via erat lapis.

Drummond apreciou "*Ioseph* " – "José ". E encantou-se com o verso "Minas não há mais" – "*Minas non est amplius*".

Et quid nunc, Ioseph?
Festum est finitum,
lumen est exstinctum,
cuncta evanuit turba,
nox est frigefacta,
et quid nunc, Ioseph?

Palú, que auxiliara Cornélio na revisão da tradução, apreciava "Quadrilha":

João amava Teresa que amava Raimundo
que amava Maria que amava Joaquim que amava Lili
que não amava ninguém.
João foi para o Estados Unidos, Teresa para o convento,
Raimundo morreu de desastre, Maria ficou para tia,
Joaquim suicidou-se c Lili casou com J. Pinto Fernandes
que não tinha entrado na história.

A tradução ganhou ritmo doce e ares de tragédia grega, com o título "*Bis gemina chorea*".

Iohannes ardebat Theresiam quae ardebat Raymundum
qui ardebat Mariam quae ardebat Ioachim qui ardebat Lilim
quae ardebat neminem.

Iohannes ad Status Foederatos fecit iter, Theresia ad claustrum,
Raymundus fatali obiit casu, Maria vitam vixit virgo,
Ioachim propria se interfecit manu atque Lilim sibi
iunxit J. Pinto Fernandes
qui fabellam non ingressus fuerat.

Na edição de sábado, 10 de setembro de 1966, a primeira página de *O Diário*, o maior jornal católico do Brasil, destacou em alto de página: "Greve estudante". Era uma nota pequena, restrita a um retângulo: "Os universitários das escolas do Largo de São Francisco, em São Paulo, foram os primeiros a se declararem em greve, em sinal de protesto pela prisão de 40 colegas pelo DOPS bandeirante".

A manchete da página fora emplacada pela editoria internacional, atenta à corrida espacial:

"Gemini falha mas tenta subir de novo"

Com fotos dos astronautas norte-americanos Charles Conrad Jr. e Richard Gordon Jr., o texto informava que a NASA abortara o lançamento da cápsula espacial *Gemini 11* seis horas antes da partida em Cabo Kennedy. A operação fora suspensa devido à descoberta de um escapamento no tanque de combustível.

À esquerda, na coluna "Em Resumo", o jornal católico, fundado em 1935 pelo primeiro arcebispo de Belo Horizonte, Dom Antônio dos Santos Cabral, anunciava a nomeação de Dom Adriano Mandarino Hypólito pelo Papa Paulo VI para a diocese de Nova Iguaçu, no Rio de Janeiro. Ele foi deslocado da arquidiocese de Salvador, onde era bispo auxiliar.

Em outra nota, informava que o presidente Humberto Castelo Branco viajaria a Minas na segunda-feira para inaugurar em Cambuquira o Circuito das Águas.

O líder soviético Leonid Brejnev intensificava os contatos com os vietcongues, visando a aumentar o apoio da URSS aos norte-vietnamitas na guerra do Sudeste Asiático. Hanói, dizia o texto, adotava nova tática antiaérea: barreiras de balões para impedir os bombardeios norte-americanos.

Na página de geral, o Banco da Lavoura de Minas Gerais homenageava o Dia da Imprensa, celebrado naquela data:

> Pode a imprensa brasileira orgulhar-se de seu papel decisivo na marcha de nossa civilização, impulsionando-a a acelerar-se e expandir-se em conquistas sempre maiores.

Na seção de espetáculos, o filme *Dr. Jivago*, com Omar Sharif e Geraldine Chaplin, continuava atraindo o público ao Cine Guarani, na rua da Bahia em Belo Horizonte. No Cine Art Palacio, da rua Curitiba, um faroeste prenunciava o tiroteio que logo envolveria o jornal: *O domador de motins*, com Randolph Scott. Dizia a propaganda do filme: "Ned Brit... o homem que sabia atirar tão bem quanto escrever. Falhava o verbo, entrava em ação a bala".

Na página três, uma matéria relacionada à Igreja no Brasil:

"Seminário Maior (de Mariana) fecha as portas"

> Diante das crescentes dificuldades com que deparam os professores para equilibrar a impaciência da juventude e a lentidão com que evoluem as instituições, os diretores e professores do Seminário Maior São José, com aprovação do Arcebispo de Mariana, Dom Oscar de Oliveira, decidiram suspender as aulas e fechar o estabelecimento, até que se aclare a situação.

> O Seminário Maior São José, de Mariana, é um dos mais antigos do País e contava com 115 seminaristas

maiores de várias Dioceses. As aulas foram iniciadas normalmente no segundo semestre, até que o Corpo Docente se viu em dificuldades em face do conflito entre as aspirações dos seminaristas e a falta de horizontes com relação a diversos problemas.

Depois de ouvir a Congregação dos Professores, o reitor do Seminário, Pe. José Pires de Almeida, CM, e de dar conhecimento das deliberações ao Arcebispo, determinou o fechamento das portas do estabelecimento.

O Diário publica, a seguir, a nota oficial do reitor:

Destinados a formar pastores para a Santa Igreja, os Seminários participam intensamente da situação histórica de seu tempo. A eles, portanto, se aplica o que o Concílio Vaticano II disse a propósito das mudanças de mentalidade dos nossos dias (Cf. Constituição "GAUDIUM et SPES", n. 7): A impaciência da juventude entra em sério conflito com a lentidão com que evoluem as instituições. Daí o sentirem os educadores dificuldades sempre crescentes em equilibrar as duas forças.

A isso se prende a decisão, há pouco tomada unanimemente, pelos Diretores e Professores do Seminário Maior São José, com a aprovação do Exmo. Sr. Arcebispo de Mariana, de encerrar antecipadamente os trabalhos do ano escolar, para que com mais vagar, possam ser estudadas as diretrizes da nova etapa que o venerando estabelecimento deverá enfrentar.

Com efeito, se de um lado, as adaptações realizadas no correr dos últimos anos se verificariam insuficientes, de outro, não se poderiam operar modificações mais radicais na estrutura da Casa, sem a necessária reflexão e segurança, ou seja, sem o indispensável fator tempo.

Esperam os Diretores que tal atitude seja o sinal de um renascimento para esta Obra que o Concílio diz ser "necessária", ainda nos dias de hoje, "para a formação sacerdotal" (Cf. Decreto Optatam Totius, n. 4).

Mariana, 8 de setembro de 1966

Padre José Pires de Almeida, CM – Reitor do Seminário de Mariana

O jornal carioca *O Globo* também deu a notícia:

"Entra em nova fase o Seminário de Mariana"

A nota enviada pela sucursal de Belo Horizonte reproduz as explicações do reitor padre José Pires de Almeida e especula sobre o modelo futuro de funcionamento da casa que reúne seminaristas de Minas e outros estados, como Bahia e Goiás:

> Talvez adote, agora, a mesma solução do Seminário Coração Eucarístico de Jesus desta capital que suprimiu o internato e autorizou os seminaristas maiores (filósofos e teólogos) a viverem em repúblicas da cidade, fazendo os estudos eclesiásticos e já realizando trabalhos pastorais sob a direção de um sacerdote.
>
> Os bispos de todas as dioceses que têm alunos no seminário de Mariana receberam comunicação do "fechamento provisório" do seminário e vão opinar sobre o futuro da nova orientação que deverá seguir a formação de sacerdotes.

Naqueles dias de primavera tropical, nove meses após o encerramento do Concílio Vaticano II em 8 de dezembro de 1965 pelo Papa Paulo VI, circulava em todo o país a revista *Manchete*, com capa de 10 de setembro. Nela, o pensador católico Alceu Amoroso Lima, o Tristão de Athayde, escrevia artigo intitulado "O Papa e os bispos querem a Igreja mais perto do povo".

No dia seguinte, na data que 35 anos mais tarde entraria para a história do terrorismo mundial com a derrubada das torres gêmeas em Nova York, por aviões sequestrados por terroristas da Al-Qaeda, o jornal católico voltou a noticiar a tragédia de Mariana.

O 11 de setembro de 1966 era domingo. Um dia de descanso para os fiéis, conforme o mandamento da Igreja, exceto para os padres, em suas obrigações de celebrar missas, realizar batizados e atender à população.

Na primeira página, nova alusão à *Gemini 11*, que fracassara em sua segunda tentativa de lançamento para um voo orbital de três dias. O clero de Belo Horizonte e de Minas Gerais amanheceu desassossegado com a leitura da manchete de página inteira, numa das páginas mais nobres dos veículos impressos, a quinta:

"Seminário de Mariana: 216 anos de tradição"

Ilustrava a matéria uma foto do casarão construído pelo arcebispo Dom Helvécio Gomes de Oliveira e inaugurado em 1934 para sediar o Seminário Maior São José. Na abertura, os redatores deram notícia do alvoroço instalado após a divulgação do fato:

> A notícia de que o Seminário Maior de Mariana havia fechado as suas portas foi muito sentida em todos os meios religiosos de Belo Horizonte. Ninguém esperava uma atitude desta porque o Seminário de Mariana sempre gozou da mais alta estima do clero e de todo o povo católico.

Em cuidadosa pesquisa, o jornal historiou a fundação dos seminários de Mariana em 1750 pelo seu primeiro bispo, Dom Frei Manuel da Cruz. Até 1748, quando carta régia de Dom João V autorizou a criação de um centro de formação sacerdotal em Mariana, os seminaristas mineiros viam-se forçados a estudar no Rio de Janeiro ou na Bahia. "Estávamos em tempo e civilização em que até para se fundar um Seminário era preciso ter ordem do Rei" – pontuava o jornal.

Contava o matutino mineiro que Dom Frei Manuel da Cruz escolheu Nossa Senhora da Boa Morte para padroeira do novo seminário, erguido em grande área de terreno doada por José Torres Quintanilha. O bispo quis entregar a direção do seminário aos padres da Companhia de Jesus. Os jesuítas ficaram por pouco tempo e se retiraram. Segundo o jornal, a direção do seminário preocupava os bispos da cidade. Dom Antônio Viçoso tentou confiá-lo aos padres redentoristas "que não aceitaram, argumentando que não era finalidade da congregação cuidar de seminários".

Dom Viçoso, um lazarista português, "foi feliz com os padres da Congregação da Missão", de que ele fazia parte. Em janeiro de 1853, um século após a iniciativa de Dom Frei Manuel, os lazaristas assumiram o compromisso. Entre outras datas, o jornal conta que em 1854 "a varíola invadiu toda a cidade de Mariana" e, por isso, o Seminário Maior foi transferido para o Caraça, também dirigido pelos padres lazaristas. O Seminário Menor – os dois estabelecimentos funcionavam no mesmo prédio – "mudou para a Fazenda do Seminário, hoje município de Alvinópolis".

Preocupado em trazer para perto os futuros padres, que estando distantes mal conheciam seu bispo, Dom Benevides, acrescenta a matéria, retornou com o seminário em 1882 para Mariana. Em 15 de agosto de 1934, Dom Helvécio Gomes de Oliveira inaugurou o Seminário Maior São José em solenidade prestigiada pelo Núncio Apostólico, Dom Aloísio Masella; o interventor em Minas, Benedito Valadares; e Juscelino Kubitschek, "secretário da Interventoria", entre outras autoridades.

O cônego Luiz Vieira, um dos inconfidentes, e o cardeal Carlos Carmelo de Vasconcelos Motta foram citados como ex-alunos do educandário, "que deu à Igreja no Brasil 20 bispos". Após a pesquisa, o autor da reportagem volta ao fato do dia, sob a retranca intitulada "fechamento".

A tradição que gozava o Seminário Maior de Mariana só fez aumentar o espanto de todos que leram a notícia de que o Seminário havia fechado suas portas. Procuramos entrar em contato com um grande número de pessoas para apurar as causas desta resolução. Pudemos apurar o seguinte: a crise que enfrentam os seminários do mundo é muito grande. Não é apenas uma crise de Mariana, do Brasil: é do mundo inteiro. A causa é que os Seminários de hoje ainda obedecem a uma estrutura antiga, que se baseia no Concílio de Trento. Esta estrutura boa para o tempo, claro que não é a recomendada para os nossos dias.

Alguns Seminários começaram então a fazer experiências, chegando alguns a apresentar um resultado um tanto satisfatório. Mas ficava sempre a verdade de que meias medidas não resolviam os problemas, era preciso mudar mesmo a estrutura. Uma coisa era patente, mas nem todos queriam ver a realidade. Atualmente, o índice de formação dos padres era insignificante ao número dos que começavam o primeiro ano do Seminário. Índice que ainda diminuía mais ainda com os repetidos casos dos padres que pediam a secularização não por falta de amor ao sacerdócio ou à Igreja, mas por circunstâncias do mundo atual.

O ambiente do Seminário Maior de Mariana era o mesmo de todos os seminários: angústia e preocupação de quem procurava um novo caminho que deve ser achado com urgência e ainda não foi encontrado.

Com notável sobriedade, a reportagem lembra que o fechamento ocorreu após muitos debates entre os professores e a análise do resultado de um inquérito realizado entre os estudantes sobre a vida seminarística.

Um dos pontos do inquérito feito entre os seminaristas era a respeito do celibato eclesiástico. As respostas contra o celibato vieram em quase totalidade; 94 por cento foram contra o celibato. Perguntava-se então: é humano ordenar padre um seminarista que ainda tem a sua angústia contra o celibato?

Os padres professores procuraram as autoridades competentes para notificar a medida de fechar o Seminário até que se encontre uma solução compensadora. Procuraram o Sr. Núncio Apostólico; procuraram também D. Othon Motta, Bispo de Campanha e Visitador Apostólico dos Seminários da Região Centro do Brasil. Finalmente, procuraram o Arcebispo de Mariana, D. Oscar de Oliveira. E assim fecharam-se as portas de um Seminário que tem mais de 200 anos de tradições gloriosas e que muito contribuiu para a Igreja de Minas e do Brasil.

A exposição das entranhas da Igreja chocou o recatado público mineiro. A rejeição do celibato entre os seminaristas acendeu a luz vermelha na Igreja de Minas, traumatizada pela fama de desregramento de muitos de seus clérigos no passado, conforme estudos de Riolando Azzi, "Igreja e Estado em Minas Gerais: crítica institucional" (revista *Síntese*, n. 38,

1986), e *História de Minas Gerais*, coleção coordenada por Maria Efigênia Lage de Resende, além da tese de doutorado do ex-padre lazarista Maurílio José de Oliveira Camello, *Dom Antônio Ferreira Viçoso e a reforma do clero em Minas Gerais no século XIX.*

Em seu relatório decenal enviado à Santa Sé em 1827, Dom Frei José da Santíssima Trindade, sexto bispo de Mariana, informa:

> Apliquei minha primeira e diligente atenção ao seminário dos ordinandos, querendo-o tão prestante como delineado pelo Sacrossanto Concílio de Trento. De fato, o meu predecessor Dom Frei Manoel da Cruz, também fundador deste Bispado, instituiu este seminário o qual, em dias anteriores, tanto resplandeceu que muitos de seus alunos, formados nas suas disciplinas, fulgiram com singular brilho não só em dignidades eclesiásticas, mas ainda em graduações profanas.

Na época, segundo o documento, o seminário contava com 24 alunos.

No terceiro capítulo, contudo, o bispo relata os costumes clericais da diocese, erigida em 1745 pelo Papa Bento XIV com a bula *Candor Lucis Aeternae*:

> No que tange aos costumes dos clérigos (quanta tristeza!), nas visitas tomei conhecimento do desleixo, excessos, delitos e desordenada consciência de alguns párocos e clérigos (com quanto pesar anoto isto!). Mas através de oportunas admoestações e de pronta correção, atuando a Graça de Deus, arrependidos e penitentes no seminário ou na Casa da Congregação da Missão, vêm eles se convertendo para uma melhor conduta de vida ("Os relatórios decenais dos Bispos de Mariana enviados à Santa Sé", *Cadernos Históricos do*

Arquivo Eclesiástico da Arquidiocese de Mariana, n. 3, organizados por Monsenhor Flávio Carneiro Rodrigues, Gráfica Dom Viçoso).

No volume 4 dos cadernos compilados e magistralmente comentados pelo diretor do Arquivo Eclesiástico da Arquidiocese de Mariana, monsenhor Flávio Carneiro Rodrigues, há a transcrição de nova apreciação do clero marianense no relatório do bispo Dom Viçoso, enviado em maio de 1853 ao Papa Pio IX:

> O clero desta diocese peca menos por malícia do que por ignorância, sobretudo no que diz respeito à incontinência onde tantos se fazem infelizes, o que julgo poder-se atribuir tanto a uma familiaridade com escravos africanos como também à falência de uma ordem melhor dos costumes.

Dom Viçoso registra ainda que em 1853 havia 30 seminaristas maiores e 70 menores.

Monsenhor Flávio Carneiro Rodrigues comenta que:

> não faltavam escândalos por incontinência que ele atribuía à generalizada desordem dos costumes e a uma não muito bem explicada familiaridade com escravos africanos. Seria a contaminação de uma fraqueza inerente à raça negra (influência negativa de seus hábitos) ou uma facilidade maior que a inferioridade da parte escrava oferecia para estes procedimentos desedificantes?

Entrou para a história do Império o desentendimento entre Dom Viçoso e o imperador Dom Pedro II por causa do cônego José de Sousa e Silva Roussim. Em 1855, entre dois nomes apresentados por Dom Viçoso, o cônego foi escolhido pelo imperador para compor o cabido da catedral de Mariana.

O candidato do bispo era o cônego Antônio José da Costa Pereira, considerado um religioso virtuoso e de grande honestidade, enquanto era de conhecimento público a vida escandalosa do cônego Roussim, que tinha mulher e filhos. A indicação do imperador ganhou firme oposição de Dom Viçoso, conforme mostram os arquivos da Cúria Arquidiocesana de Mariana.

Afinal, o combate à vida desregrada do clero marianense havia sido a obsessão de Dom Antônio Ferreira Viçoso, segundo seu biógrafo Dom Silvério Gomes Pimenta. "A reforma do clero conduzida com suave, mas firme tenacidade ficou assentada em dois seminários que podem servir de norma, e têm servido a outros bispados" – escreveu em *Vida de D. Antonio Ferreira Viçoso. Bispo de Marianna, Conde da Conceição* (1876).

No dia 13 de setembro de 1966, o arcebispo Dom Oscar de Oliveira negociou com o jornal a publicação de nota assinada pelo chanceler da cúria, monsenhor João Denis Valle, tentando esclarecer o episódio. "Dom Oscar esclarece porque o seminário encerrou ano letivo" – era o título da matéria que revelava o quanto a divulgação do fechamento levara inquietação ao arcebispo.

O arcebispo e o chanceler, provavelmente por desconhecimento das técnicas jornalísticas, imaginaram que a nota seria publicada na íntegra, sem cortes. Mas ela foi editada, para desgosto deles. Informava que após dar conhecimento ao Núncio Apostólico e ao Secretário Nacional dos Seminários do Brasil, Dom Oscar de Oliveira queria deixar clara a posição que tomara. Escreve o chanceler que desde o início daquele ano letivo, o arcebispo vinha insistindo, em artigos no jornal *O Arquidiocesano* e junto a professores e alunos sobre o cumprimento fiel das orientações conciliares, especialmente do decreto *Optatam Totius*.

A nota esclarece que o encerramento antecipado das aulas foi motivado por:

> confessarem a Diretoria e os Professores ao Sr. Arcebispo, após se terem reunido em conselho, que lhes era impossível manter o Seminário porque vários de seus alunos estavam desinteressados por assuntos sérios e também em desacordo com o Decreto Conciliar "Optatam Totius".
>
> Finalmente, o Sr. Arcebispo comunica que, no próximo ano, o Seminário Maior São José estará aberto para aqueles que sinceramente desejarem ser sacerdotes, segundo o Coração de Deus, pondo em prática os verdadeiros ensinamentos e orientação da Santa Igreja, a fim de que o Seminário de Mariana, que goza de louvável tradição, possa continuar a dar a Santa Igreja dignos sacerdotes.

A coluna especula, em meio a muitas dúvidas, se todos os seminaristas voltariam à casa no próximo ano, se o seminário aceitaria somente alunos de Teologia e de Mariana.

"O que se fechou" – dizem alguns seminaristas – "foi aquele seminário que, pouco atualizado, ou mesmo anacrônico, não tinha condições de preparar futuros padres para a Igreja e para o mundo atual".

Em reveladora "nota da redação", o jornal informa que "a matéria sobre o fechamento do Seminário Maior São José, divulgada anteontem, não foi da lavra do padre Paulo Fernandes". Adianta que o padre, responsável pela coluna "Documentação Católica", estivera em Mariana e sua opinião sobre o assunto seria publicada no dia seguinte.

De fato, no dia 14 de setembro, "Documentação Católica" saiu, com o título de "Presente e futuro do Seminário de Mariana", carregada de informações colhidas *in loco*. Uma delas, as perguntas do inquérito respondido pelos seminaristas sobre a formação sacerdotal no seminário.

Segundo o colunista,

> as respostas à primeira pergunta revelaram, numa proporção muito ampla, que o Seminário não tinha condições de formar os futuros sacerdotes. Os motivos foram os mais variados: prédio antigo, pequeno e pouco funcional. Excesso de seminaristas, com uma certa "massificação" dos alunos. Os seminaristas, no curso superior, não deveriam viver tão rigorosamente em regime de internato. As matérias de estudo deveriam ser reformuladas.

Enfim, escreve padre Paulo Fernandes, os alunos acreditavam que as matérias deveriam ser reformuladas, sendo necessária uma pastoral atualizada em seus aspectos litúrgicos, bíblicos e catequéticos. Porque "o seminário, como está, corre o risco de viver alienado da sociedade atual".

> Os seminaristas, em resposta à terceira pergunta, elegeram como seu tipo de "sacerdote ideal" os bispos Dom Helder Câmara, de Recife, e Dom Marcos Noronha, de Itabira.
>
> Na parte de observações pessoais – apêndice às três perguntas básicas – vários seminaristas citaram de fato o problema do celibato. Mas o tema figurava mais nas conversas que os seminaristas mantinham do que nas observações escritas. E o que há na realidade, como bem acentuou o Reitor, é sobretudo uma angústia ou uma interrogação a respeito da momentosa questão.

A coluna atendeu ao reitor que reclama, reclama e reclama da imprensa. Parece próprio do DNA clerical, no Brasil e até no Vaticano, reclamar dos jornalistas sempre que um fato, de seu desagrado, é publicado, não importa se verdadeiro.

A coluna, a cargo de um padre, trouxe, sem comentários e na íntegra, nota oficial do padre José Pires de Almeida, em que agradece "aos ilustres redatores de O DIÁRIO o interesse em divulgar as notícias de nossa casa", solicitando, no entanto, a publicação de "'retificações' da matéria intitulada 'Seminário de Mariana: 216 anos de tradição'".

O reitor reclama da forma como a questão do celibato foi colocada. Explica que no inquérito a questão não foi abordada nas perguntas, embora alguns alunos tenham se manifestado sobre ela, em suas observações. Tais observações e declarações, argumenta o reitor, não podem ser reduzidas a estatística, visto que o problema, apesar de existir em "sérias proporções", "é formulado não em termos de rejeição, mas de interrogação, dúvida ou angústia, diante de um estado de vida para o qual não acreditam estar sendo preparados no atual sistema de formação clerical". Em sua ginástica explicativa, afirma:

> Querer, pois, colocar isso em termos de estatística é desnaturar o problema; e é falseá-lo totalmente afirmar que, no Seminário de Mariana, "94 por cento dos seminaristas são contra o celibato".

Corrige, por fim, informação do jornalista, desta vez, com razão: Dom Oscar de Oliveira foi a primeira autoridade eclesiástica a quem deram conhecimento da decisão de fechar o seminário. Depois, deram a notícia a Dom Othon Motta. Outra retificação: não houve fechamento, "mas suspensão para reflexão". E numa canelada no jornal católico, conclui:

> Outros periódicos, certamente, entenderam melhor nossa posição, quando falaram em termos de "nova fase do seminário de Mariana". De fato, é isso que

pretendemos: preparar nova fase para este estabelecimento, mediante pequena interrupção, mas sem ruptura nos 216 anos de tradição.

Com redação e parque gráfico na avenida Francisco Sales, 526, no bairro Floresta, em Belo Horizonte, *O Diário* pertencia à arquidiocese de Belo Horizonte, mas apresentava-se como propriedade de Mensagem Sociedade Cultural Ltda. Seu conselho de administração, presidido pelo empresário Nylton Moreira Velloso, reunia a fina flor da sociedade católica mineira, como os empresários Celso Mello de Azevedo, Edésio Alves Carneiro e Paulo Lima Vieira; o reitor da UFMG, Aluísio Pimenta; e o banqueiro Joãozinho do Nascimento Pires (Banco Mineiro do Oeste).

Três anos antes, Nylton Velloso, que também presidia a Economisa Companhia Hipotecária, fora derrotado por Jorge Carone Filho na disputa eleitoral para a prefeitura de Belo Horizonte. Carone ridicularizou-o com uma frase colada clandestinamente sobre a foto dele, sorridente, nos *outdoors* da capital: "o rico ri à toa".

Joaozinho do Nascimento Pires, conterrâneo de Carone, de Visconde do Rio Branco, era um banqueiro diferente, adorado por jornalistas, artistas e intelectuais devido à generosidade em empréstimos à claque. O Banco Mineiro do Oeste foi absorvido em 1970 pelo Bradesco. *O Diário* não estampava em seu expediente nenhum nome clerical. O jornalista Afonso Celso Raso ocupava o cargo de redator-chefe.

Pode ser que o reitor, em seu desabafo, se referisse a *O Diário da Tarde* e ao *Estado de Minas*, da cadeia dos Diários Associados. No dia 12 de setembro de 1966, uma segunda-feira, *O Diário da Tarde* publicou chamada de primeira página, informando que as aulas do Seminário Maior São José "foram suspensas depois de uma enquete feita entre os alunos". "Quase todos"

– prossegue a nota – "acham que de acordo com a estrutura não poderão ser padres para o futuro. O Seminário, porém, não foi fechado, segundo o bispo".

"'Não' dos futuros padres suspende aulas: seminário" é o título capenga de O Diário da Tarde, no alto da quinta página. O jornal conseguira falar por telefone, na noite de domingo, com Dom Oscar de Oliveira, que "desmentiu a notícia do fechamento do Seminário Maior São José que ordena padres há 216 anos". Informa ainda que a suspensão das aulas naquele semestre letivo foi necessária "para uma total renovação", mas explica que as aulas recomeçam no próximo ano.

O jornal confirma alguns resultados do inquérito, como a discordância de 95 por cento dos seminaristas com o regime e os manuais de ensino, mas não faz qualquer alusão à questão do celibato. Enfim, diz que os 115 seminaristas foram orientados a voltar às suas dioceses e a se apresentarem a seus bispos, aguardando até o final do ano uma nova orientação.

No dia 13, Xico Antunes brinca em sua coluna "Confidencial": "Carteirinha vermelha para seminaristas". Segundo o colunista, os 115 seminaristas que "julgaram obsoletas as condições do ensino", tendo em vista as mudanças do Concílio, "vão receber carteirinhas vermelhas do nosso eficiente DOPS". Carteirinha vermelha significava ser fichado pelos órgãos da ditadura militar.

No mesmo dia 13, o Estado de Minas, o mais importante jornal do estado, entrou no assunto. De perfil conservador e dotado de sensibilidade política, o jornal, conhecido como a Casa de Assis Chateaubriand, funcionava na rua Goiás, 36, com jornalistas experientes e prudentes na direção. Pedro Aguinaldo Fulgêncio era o diretor de redação, secundado por dois secretários de redação – Odair de Oliveira e Antônio Tibúrcio Henriques.

"Suspensas as atividades do Seminário Maior de Mariana." Diz que "por motivos vários, Dom Oscar de Oliveira deliberou paralisar temporariamente o funcionamento do Seminário Maior de Mariana" e que o arcebispo espera, "para breve, a solução das dificuldades". O jornal define o seminário como "autêntico baluarte da cultura e da formação cristã do povo de Minas Gerais" e reitera a confiança dos católicos mineiros na superação rápida "das dificuldades que conduziram o arcebispo Dom Oscar de Oliveira à paralisação das atividades".

No dia 14, o *Estado de Minas* não economizou esforços para noticiar o caso. Enviou um repórter e um fotógrafo à Cidade dos Bispos. Na primeira página, sob fotos, um texto-legenda: "Um hiato depois de 216 anos". À esquerda, grupos de alunos se despedindo defronte o prédio do Seminário Maior. À direita, dois seminaristas entrando no carro, depois de tomarem um café num restaurante da estrada Mariana – Belo Horizonte, rumando para casa. Na manchete, o jornal anuncia em matéria assinada pelos enviados especiais a Mariana, o repórter Jesus Rocha e o fotógrafo Evandro Santiago: "Quando se reabrir o Seminário de Mariana terá organização nova e menos estudantes". Segundo Jesus Rocha:

> apenas um pequeno número de seminaristas permanece ainda – arrumando suas coisas e providenciando condução – no Seminário São José, desta cidade, porque desde sexta-feira passada, quando as atividades do estabelecimento foram suspensas oficialmente, até segunda ordem, o ambiente no velho casarão de Mariana lembra o início das férias de fim de ano: os jovens se despedindo, carregando malas, tomando o rumo de casa.
>
> Eles levam a certeza – pelo menos a maioria – de que no próximo ano aqui estarão de novo, para continuar seus estudos dentro de uma estrutura inteiramente renovada.

O jornal ouviu o reitor, padre José Pires de Almeida, que afirmou: "embora não haja nada de concreto, quanto às inovações a se imprimirem no Seminário, uma coisa é certa: no máximo 50 alunos serão recebidos na casa". Ouviu alguns alunos que "não dissimularam sua desesperança quanto ao futuro do Seminário de Mariana: vou procurar outro porque nesta cidade não há condições para formação de um padre, ainda que muita coisa seja mudada".

Os enviados especiais colheram dados e opiniões que escancararam os motivos da crise, mas realçando questões menores, de acomodação. As respostas ao inquérito, o desconforto motivado pelo excessivo contingente de alunos: construído para abrir 60 alunos, o número subiu para 136 no início daquele ano, reduzindo-se para 115 naquele momento, por desistência ou transferências.

> Do refeitório e do mobiliário da casa, os rapazes nunca se queixaram: acham que sempre foram bem servidos neste particular. Mas apontam o alojamento e condições para o estudo como uma das causas relevantes do clima de descontentamento que reinava no Seminário, sobretudo nos últimos tempos.
>
> – Somos separados em três categorias – contam eles – no que se refere ao alojamento: os novatos, de um modo geral, vão para dormitório amplo, comum. Daí, de acordo com o curso e o número de matrícula, o aluno é promovido para o setor dos biombos – cada biombo para dois. E nos três últimos anos do curso, ele chega ao quarto individual. No dormitório geral, não se pode pensar ou estudar tranquilamente, a não ser nas horas destinadas ao estudo, quando se exige silêncio.

Os repórteres dão mais detalhes da vida em Mariana:

No biombo, que é aberto em cima, qualquer um que queira estudar um pouco durante a noite, incomoda aos outros. Sem se falar das horas em que um seminarista (nas horas não destinadas ao estudo) quer ler ou meditar e seu colega deseja tocar violão. Só no quarto individual, o seminarista já quase padre, tem conforto. Tudo isto – declaram os estudantes – gera um clima de colégio interno, o que, ao lado das deficiências que observamos e sofremos na estrutura total de nosso processo de formação, assume características inaceitáveis.

Segundo o *Estado de Minas*, o reitor garantiu que os alunos de Teologia não seriam prejudicados no fechamento transitório e que poderiam, estudando por conta própria, prestar os exames no final do ano. Já para os filósofos não havia ainda nenhuma decisão. A reportagem enfatiza os aspectos materiais e toca, de leve, no essencial, os debates dos seminaristas sobre os ventos soprados pelo Concílio Vaticano II. Mas o padre José Pires de Almeida informou que o fechamento veio após a compilação dos dados do inquérito em que mais de 90 por cento dos seminaristas consideraram anacrônica a formação do estabelecimento. Num esforço de reportagem, o departamento de pesquisa do jornal informou aos leitores que a palavra seminário vem do latim, significando "o lugar onde se semeia", e desde o Concílio de Trento, no século XVI, se refere ao local de formação dos padres, em resposta à reforma protestante. O primeiro seminário, dentro dessas normas, foi fundado pelo arcebispo de Milão, na Itália, São Carlos Borromeu. Disse que, durante a primeira sessão do Vaticano II, foi proposta uma modernização dos seminários. João XXIII tomou as primeiras medidas práticas, completadas na segunda e terceira sessões do concílio, na constituição *Gaudium et Spes* e no decreto *Perfectae*

Caritatis. A partir daí começou a mudança, até mesmo em relação à prática de esportes.

> Um exemplo é o próprio seminário de Belo Horizonte, onde em 1956 os alunos jogavam futebol de batina, só se permitindo o uso apenas de calça comprida em 1958 e o calção em 1960.

Nem todos os seminários acompanharam a evolução de Belo Horizonte, onde os alunos de Filosofia foram liberados do uso da batina em 1964. Segundo a pesquisa, em 1966 existiam em Minas 6 seminários maiores e 30 menores. As ordens religiosas teriam 92 seminários e noviciados. No Brasil, existiriam 41 seminários maiores e 212 menores. As ordens religiosas mantinham mais de 400 casas de formação eclesiástica.

Outro jornal, *O Globo*, também falou em "fechamento provisório". Logo, seu concorrente, o *Jornal do Brasil*, entrou no assunto. O jornal carioca, presidido pela Condessa Pereira Carneiro, não deixou de divulgar os fatos, mas procurou também ressaltar que era um "fechamento provisório".

Sob o comando de um legendário editor-chefe e um dos mais preparados profissionais brasileiros, o jornalista Alberto Dines, o *JB* "comeu mosca", como se diz entre os jornalistas, quando a primeira matéria saiu em *O Diário* da capital mineira e em *O Globo*, do jornalista Roberto Marinho. Ele mantinha olhos de admiração para com as coisas de Minas. Marinho interessava-se, pessoalmente, por coberturas mineiras e chegou a ordenar à sucursal de Belo Horizonte que fizesse boa matéria sobre o restaurador autodidata de Ouro Preto, Jair Afonso Inácio.

Nenhuma nota sobre a crise de Mariana, embora o *JB* fosse o campeão de furos e de boas pautas quando o assunto eram aquelas duas cidades coloniais. Em 10 de setembro de 1966, por exemplo, o elegante jornal carioca, já repaginado em histórica reforma gráfica pelo artista mineiro Amilcar de Castro, preocupava-se com a política nacional e internacional.

A "Coluna do Castello", escrita por Carlos Castello Branco, comentava a ideia da Frente Ampla, proposta pelo ex-governador da Guanabara e *revolucionário* de primeira hora Carlos Lacerda. Preterido na sucessão presidencial, ele queria unir forças com os vencidos pelo Golpe Militar, os ex-presidentes da República Juscelino Kubitschek e João Goulart, para enfrentar o regime dos generais. O governo militar censurava a música "Tamandaré", do jovem compositor Chico Buarque de Hollanda, por considerá-la subversiva e irreverente quanto ao homenageado na nota de um cruzeiro. Noticiava também o assassinato do cérebro do *apartheid*, Hendrik Verwoerd, esfaqueado no parlamento sul-africano.

A sucursal de Brasília emplacou uma matéria intrigante: "Freyre acha que os homens de Deus hoje não são os padres: são os políticos". Em conferência na Universidade de Brasília, o sociólogo pernambucano Gilberto Freyre cutucava seu adversário e arcebispo de Olinda e Recife, Dom Helder Câmara, que naqueles tempos pós-conciliares aparecia no *JB* como padre Helder, como era de seu gosto. Dizia Gilberto Freyre, citando os exemplos de Stalin, Roberto Campos e JK, todos eles ex-seminaristas, que

> os sacerdotes, atualmente, estão prosperando em outros setores, para onde transportam suas místicas.
>
> A vocação sacerdotal no mundo atual está se desprestigiando e desaparecendo e já não são atraentes ao homem popular o homem de Deus e o amigo dos pobres. Os homens de Deus estão sendo os políticos, os campeões das causas humanas e igualitárias.

Outra matéria, com Niterói como origem, informava que o bispo de Campos, Dom Antônio de Castro Mayer, autor do livro *Reforma agrária: questão de consciência*, "quer esmagar o comunismo". Ao contrário de Freyre, que apenas insinuava, o prelado criticava às abertas a atuação de Dom Helder no Nordeste.

No dia seguinte, 11 de setembro de 1966, o caso de Mariana surgiu, para permanecer por bom tempo, nas páginas do *Jornal do Brasil*. Na página 11, contava, sem a assinatura do repórter, que após 216 anos dedicados à formação de padres e políticos, fechava as portas "o primeiro estabelecimento de ensino em Minas", com ex-alunos de presença importante na vida nacional como os "ex-presidentes da República Artur Bernardes e Delfim Moreira e os ex-governadores Melo Viana, João Pinheiro e Augusto de Lima". Na verdade, Artur Bernardes estudou no Caraça.

O jornalista Acílio Lara Resende, que em 1966 dirigia a sucursal em Belo Horizonte, disse em 2015 que escalou o experiente repórter Jorge Malaquias para acompanhar os acontecimentos.

No dia 13 de setembro, o jornal carioca voltou a Mariana, mas antes se divertiu, como os jornalões de fora na época adoravam, com a história de Dona Madalena Noronha, 35 anos, "da tradicional família mineira". Ela deixou o marido norte-americano Harry Adler quando ele deu o ultimato: "ou eu ou eles". Dona Madalena não teve dúvidas: ficou com eles, os 68 cães que recolhera nas ruas de Cambuquira, no Sul de Minas.

Na página 16, a explicação do fechamento de Mariana: "porque os alunos pediram reformas". O texto reitera informações publicadas pelo *O Diário* e rememora o resultado do inquérito, que acusou o placar de 94 por cento contra o celibato.

Os alunos reivindicaram, respondendo ao inquérito que lhes foi apresentado, a remodelação do Seminário Maior de acordo com as novas normas do Concílio Vaticano II, que até agora não vinham sendo aplicadas totalmente, porque o arcebispo Dom Oscar de Oliveira, de tendência reconhecidamente conservadora, preferia manter o ensino e o regulamento conforme o Concílio de Trento, do século XVI.

O repórter observou que, durante meses, alunos e professores tentaram mudanças, sem a aprovação do arcebispo. Até que foi feito um inquérito entre os seminaristas, com um resultado "surpreendente para os próprios professores: todos os alunos, no total de 115, se manifestaram contra a atual estrutura do seminário e as diretivas do Arcebispo, tendo 94 por cento deles se manifestado contra o celibato sacerdotal". Os professores concluíram que diante da "angústia acerca do celibato", não era humano ordenar aquela rapaziada e decidiram entregar o seminário ao arcebispo.

A matéria acrescentava novas emoções ao drama de Mariana. No dia 2 de setembro, os lazaristas levaram o resultado do inquérito a Dom Oscar, "que tomou uma decisão inesperada, tanto para os padres lazaristas como para os alunos: reconheceu que não devia manter a estrutura atual, se ela era responsável por uma crise tão grave". Segundo o *JB*, Dom Oscar pediu para que os padres continuassem no seminário e "executassem as reformas que julgassem necessárias e de acordo com o Concílio Ecumênico, concordando que para uma reestruturação completa, os seminaristas fossem mandados de férias imediatamente". Dizia ainda:

> pelo que pretendem os padres lazaristas, o seminário de Mariana será reestruturado à semelhança de uma

universidade, acabando com o regime de internato para os seminaristas, que preferem morar em casa ou em pensões de Mariana ou cidades próximas.

Além disso, os seminaristas terão liberdade de exercer o apostolado na cidade, ensinando catecismo nas paróquias, ajudando os vigários nos fins de semana e lecionando em ginásios. Esses trabalhos não eram permitidos até agora no período das aulas, embora já não sejam novidade em outros seminários maiores do Brasil.

Seria um projeto pioneiro, uma mudança inovadora ainda não experimentada por nenhum outro seminário no país. Esse era também um desafio para a Congregação da Missão que, no passado, chegou a administrar dez seminários maiores e menores no Brasil – entre eles, Mariana, Diamantina, Curitiba, Salvador, Fortaleza, Recife e São Luís – e que, ou por falta de padres ou por choques com os bispos das dioceses, ficara reduzida a Mariana.

No Seminário Provincial de Fortaleza, os seminaristas avançaram demais e os padres acharam que não poderiam atendê-los em tudo, preferindo, por isso, sair, a fim de que o bispo enviasse outros professores. Em Diamantina, professores e alunos eram pela reforma, que, no entanto, foi vetada pelo arcebispo Dom Geraldo Proença Sigaud. Os padres foram mandados embora e a maioria dos alunos saiu para outros seminários, solidarizando-se com eles.

O *Jornal do Brasil* destaca:

No Seminário Maior de Mariana trabalha uma equipe de padres lazaristas jovens, ajudados por alguns professores do clero diocesano, também partidários da reformulação.

O próprio reitor que decidiu pelo fechamento, o padre José Pires de Almeida, é "um homem de aproximadamente 40 anos, que deverá ser eleito, nos próximos dias, Visitador Provincial da Congregação da Missão no Brasil ". E conclui:

> A batina já foi abolida no Seminário Maior, mas apenas nos limites de seus muros, nunca se permitindo aos alunos, por determinação do Arcebispo, que andassem em manga de camisa. A missa continuava sendo rezada em latim, enquanto nas paróquias da própria diocese já se adotou o português.

Nas edições seguintes, o *JB* ocupou muito de seu tempo e de seu espaço discutindo o celibato. No dia 14 de setembro, o secretário-geral da CNBB, Dom José Gonçalves, tratou de lembrar que o "celibato tem aspectos que só a experiência da Igreja pode ponderar". No "Caderno B", célebre pela publicação de artigos culturais, o beneditino Dom Estêvão Bettencourt indagava no título: "Homem pela metade?". Claro que não, argumentava o monge, ponderando as qualidades do celibato. No dia seguinte, o "Caderno B" retomou a questão em artigo assinado por Martins Alonso, com o título de "Um grave problema para a Igreja".

Em 15 de setembro, a sucursal mineira resolveu ouvir o arcebispo coadjutor de Belo Horizonte, Dom João Resende Costa, que socorreu o aflito irmão no episcopado, Dom Oscar de Oliveira:

> O seminário não foi fechado, apenas suspenderam as aulas temporariamente, para uma reestruturação, a fim de que possa atender às diretrizes do Concílio de formar sacerdotes para os nossos tempos.

Com calma e sabedoria, ele pôs panos quentes na discussão que cremava as relações de Mariana com *O Diário*. Frisou que o tal inquérito visava saber se o seminário preenchia as condições atuais de formação sacerdotal, "averiguando-se localização, antiguidade do prédio e estrutura interna". O inquérito, garantiu, não questionava sobre o celibato sacerdotal, mas 34 por cento dos seminaristas se manifestaram a respeito, "não no sentido de rejeição, mas expressando angústias e dúvidas". Nem por isso a imagem do maior jornal católico do Brasil angariou simpatias em Mariana. Lá, brincavam padres e seminaristas, "O Diário é o diabo".

Nada mais contundente, porém, que a crônica do poeta Carlos Drummond de Andrade, mineiro de Itabira, cidade que acabara de emancipar-se da arquidiocese de Mariana para constituir-se em nova diocese. Drummond chora o fim do Seminário Maior de Mariana. Ele se diz assombrado, em crônica publicada na terceira seção do *Estado de Minas* no dia 15 de setembro de 1966, encabeçada por quatro fotos de seminaristas carregando malas, violão e tralhas nas alamedas de frente ao Seminário São José. As fotos de Evandro Santiago registram o início da revoada, da diáspora de Mariana.

É um momento realista e onírico do poeta, sempre atento às devoções de Minas, embora seu cotidiano fosse a orla do Rio de Janeiro. Dez anos depois, em 1976, no poema "Triste horizonte", ele viria de tala no lombo daqueles que transformaram em estacionamento o adro da igreja de São José, em Belo Horizonte. Em 1977, celebrou o bispo de Mariana, Dom Antônio Ferreira Viçoso, chamado de "O Santo de Minas", em poema de recordações da infância. Agora, nem exaltação nem relho, apenas revela estupefação:

> O fim
>
> Não sei se choro o fechamento do Sacha's ou o do Seminário Maior de Mariana. Eram ambas as casas ilustres, cada qual no seu gênero. Por favor, não vejam

irreverência minha em aproximá-las. Quem as aproxima é o fato de acabarem juntas, depois de viverem separadas no espaço e no objetivo, esses últimos anos, o bissecular seminário e a jovem boate. Como também as reúne a esperança de renascimento, embora diferentes do que eram, como querem os figurinos, que tanto se impõem a uma austera casa de formação sacerdotal, como ao lugar onde a gente dissolve, à noite, as penas do dia.

Esta madrugada, sonhei que tinha ido ao Sacha's e encontrei a boate repleta: havia pessoas inclusive no teto, de cabeça para baixo. Todos que a tinham frequentado com devota insistência ou ido lá esporadicamente, uma única vez ao menos, reuniam-se em assembleia silenciosa, bebendo e recapitulando, recapitulando e bebendo. Sacha tocava ao piano uma composição especial, nostálgica e brincalhona, ao mesmo tempo, que só seria executada uma vez; depois, rasgaria a partitura e jogaria uma bomba no piano, mas bomba tranquila, que explode sem terror.

A música falava de gamações, rompimentos, bloqueios, negócios, turistas, motivações, personalidades da noite, e para cada senhor e cada senhora, que ali estava, transmitia um recado particular, uma lembrança que se diria uma borboleta morta, mas palpitante, dourada, a ser fixada na lapela ou no busto. O Sacha's desfazia-se sem dor, passava à coleção de jornais do Instituto Histórico e Geográfico Brasileiro e ao arquivo mental de cada um. Calou-se a música, e tudo desapareceu suavemente quando o relógio do Convento dos Dominicanos, no Leme, bateu sete nítidas horas.

Mas o sonho continuava, e no ventinho da manhã vime em plena cidade arquiepiscopal de Mariana, onde o seminário estava deserto, e só irmão porteiro varria o pó invisível dos dormitórios. Explicou-me, com a vassoura, que não seria possível juntar para as despedidas todos os ex-seminaristas, famosos ou obscuros, que tinham habitado a casa em mais de duzentos anos. E eram bispos, cônegos, poetas, homens de grande fé, latinistas insignes, ordenados ou não, senadores e presidentes.

O Seminário fizera por merecer da História; agora, quem restava? Os seminaristas atuais, ouvidos em consulta sigilosa, foram unânimes em confessar que a casa não lhes apetecia mais. Era velha, no sentido de gasta, não recebia o sopro das novas ideias ou, pelo menos, das novas práticas que se supõem ideias novas. E o servente lazarista varria, varria. Já não restavam glórias entre as paredes célebres. Restava o sentimento de insatisfação, de começar tudo de novo, que rege o mundo.

Meu coração sempre aspirou a novidades, e quando elas chegam me deixam triste. Que tenho eu com o Sacha's? E com o Seminário de Mariana? Contudo, sou eu que lhes canto o fim, como quem se apropria de saudades alheias. O sol banhava de força as areias do Leme, próximo ao Sacha's, e batia nas pedras de Mariana como um martelo de luz. Era tudo novo na manhã, quando o sonho terminou, por falta de objeto.

Carlos Drummond de Andrade

Capítulo 2
Roque

Em setembro de 1966, Vicente Roque Dutra voltou a Mariana. Ele se encontrava em Belo Horizonte, afastado do seminário desde o início do ano para tratamento de saúde. Vicente Roque Dutra tocava oboé. Nas apresentações da orquestra do padre Maia, recebia o foco de luz que realçava as estrelas do grupo. A licença médica transformara-se em férias prolongadas que duraram até 7 de setembro.

Dois ou três dias após a parada da Independência, ele se dirigiu ao Seminário Maior com o oboé que tocava na orquestra. Alguém lhe telefonara solicitando que comparecesse ao Seminário Maior com o instrumento que levara para casa. Roque pensou que o pessoal da orquestra o queria para algum concerto. Soubera que não surgira nenhum outro oboísta na sua ausência.

Roque conhecia até as pedras do calçamento do caminho. Nascera em Mariana, em março de 1945, tinha 21 anos de idade. Ele e o violinista José Newton Garcia Araújo formavam a dupla caçula do segundo ano de Teologia. Vestira a batina desde criança, como coroinha. Em setembro de 2015, Vicente Roque Dutra andava à procura de uma foto do lançamento da pedra fundamental de uma igreja em Ipatinga, na década de 1950, pelo arcebispo Dom Helvécio Gomes de Oliveira.

Disse que viajou para Ipatinga de jipe com padre Efraim Solano Lopes, quando ainda não existia a rodovia 381. "Certamente, passamos por estradas de terra e por dentro de municípios da arquidiocese, como Barão de Cocais, hoje fora da rota para lá". Dom Helvécio, décimo bispo e segundo arcebispo de Mariana, amava aquela região. Ele foi o responsável direto pela criação do Parque Estadual do Rio Doce e seu nome deveria estar inscrito no panteão dos precursores da consciência ecológica no Brasil. Atendendo à sua sugestão, em defesa da flora e da fauna, o governador Benedito Valadares assinou em 14 de julho de 1944 decreto oficializando a Unidade de Conservação. Em reconhecimento, o Instituto Estadual de Florestas deu o nome de Lago Dom Helvécio, com 700 hectares de espelho de água, 32 metros de profundidade. A Lagoa do Bispo, como é conhecida popularmente, é o principal reservatório natural do sistema lacustre local, com cerca de 40 lagos, dentro da bem preservada Mata Atlântica.

A caminho do Seminário Maior, Vicente Roque Dutra carregava o oboé e recordações da orquestra. Em 18 de novembro de 1965, por exemplo, lambe-lambes distribuídos em Ouro Preto anunciavam para o Teatro Municipal o concerto da Orquestra e Coro do Seminário São José de Mariana. Roque acha que foi sua última participação na orquestra.

O repertório, de qualidade, expressava o alto grau musical do grupo: J. P. Sousa ("Diplomat March", marcha americana); Tchaikovsky ("Tema Favorito do Concerto nº 1"), Puccini ("Un bel di vedremo", bela ária da ópera *Madame Butterfly*) e o popular "L'hymne à l'amour" (Monnot – Piaf) figuravam na primeira parte do programa.

Na segunda parte, Franz Schubert ("Sinfonia nº 8 Inacabada"), Mascagni ("Intermezzo Sinfonico", da vibrante *Cavalleria Rusticana*) e, para delírio das mocinhas de Ouro Preto, o então aclamado sucesso de Charles Trénet, "La Mer".

Na parte três, o coro entrava em cena, *a capella*, com "Santa Maria", de A. Schweitzer, e a *bocca chiusa* no segundo ato de *Madame Butterfly*. E, por fim, para arrepiar ainda hoje os músicos remanescentes daquela noite gloriosa, a "Marcha triunfal" (final do II ato de *Aida*), de Giuseppe Verdi.

"Miguel Vital na clarineta e eu na flauta fazíamos um dueto", relembra Paulo Roberto Magalhães, passados 50 anos. "A gente ensaiava sem parar no recreio e nas horas de folga. O resultado foi sensacional" – acrescenta o então seminarista do curso de Filosofia.

Em março de 1966, a edição de número 68 da revista *Quatro rodas,* circulou com ampla matéria sobre a Semana Santa em Ouro Preto e Mariana, ilustrada com uma foto de parte da orquestra, todos de batina: José Maria Araújo no contrabaixo; Geraldo Eustáquio Ferreira, o Dadinho, José Newton Garcia Araújo, Nelson Froes, Jonil Luiz e José Ferrer no violino, Paulo Roberto Magalhães na flauta e Miguel Vital na clarineta.

O nível da Orquestra do Seminário Maior estonteava os visitantes de Mariana, muitos deles de Belo Horizonte, habituados apenas a bandas militares ou a pequenas orquestras populares que acompanhavam os cantores da Rádio Inconfidência.

Padre José Rocha Netto (recém-ordenado) e José Moreira Magalhães sobressaíam-se como regentes daquele grupo de virtuoses. Eles substituíram padre Maia. Primeiros violinos: José Maria Araújo no contrabaixo; José Newton Garcia Araújo, José Magali F. Junqueira e Aparecido Benedito de Faria.

No grupo dos segundos violinos, padre Herval Ferreira, também ordenado naquele ano, Geraldo Eustáquio Ferreira, Nelson Froes, Jonil Luiz de Souza, Josué da Silva Abreu. Na viola, José Ferrer Carvalho, e no cello, Ismael José Vilela. Contrabaixos com José Maria Araújo e João Ribeiro de Souza.

Vicente Roque Dutra no oboé; Miguel Vital na clarineta, e Paulo Roberto Guimarães na flauta. Pistom e trombone:

Gilberto Borges Barroso e Héliton Dias de Oliveira. Trompa, Geraldo Porfírio; José Resende Vilela, no piano; José Eugênio da Fonseca, no harmônio; e na percussão, Luciano Tolentino.

O coro não perdia em qualidade para o Madrigal Renascentista da capital mineira, na época, sob a regência do maestro Isaac Karabtchevsky. Primeiros tenores: Rogério R. Vilela, João Augusto de Carvalho, Geraldo Antônio Lisboa, Eustáquio Afonso de Souza, Arquimedes de Andrade, João Emílio de Souza e José Carlos D'Angelo.

Grupo dos segundos tenores: Benedito Clóvis Diniz, Joel Pereira Dias, José Ivanir Américo, Célio B. Damasceno, João Gabriel Teixeira e José Adauir da Silva. Barítonos: Wallace Campos Ferreira, José Nacif Nicolau, Wanderley Rodrigues, Felipe Caetano da Silva, Carlos Jurandir Ribeiro, José Delfino dos Santos, Délcio Gomes Faria e Roberto Gomes Morais.

Por fim, os baixos: Pedro Donati, Joaquim de Souza, José Telésforo Miranda, Vicente do Carmo Alves, Adair Eustáquio Moreira, Antônio Assis e Antônio José Leal.

Quando cheguei ao mata-burro que fica no portal de entrada do Seminário, trombei com seminaristas carregando malas. Imaginei que estivessem de saída para o trabalho pastoral nas paróquias. Mas era muita gente saindo ao mesmo tempo. Estranhei. Perguntei o que estava acontecendo. Um deles me disse que Dom Oscar havia mandado todo mundo para casa.

Foi assim que Vicente Roque Dutra tomou conhecimento do fechamento do seu seminário.

Capítulo 3
Guilherme

Enquanto o navio desatracava do porto do Rio de Janeiro, Guilherme Porto não enxergou nenhum lenço branco sacudido do cais. "O embarque foi às 9h30 da manhã de 14 de setembro de 1966. Uma quarta-feira" – ele anotou em seu diário. Tinha como companheiro de viagem Dom Jaime de Barros Câmara, cardeal arcebispo do Rio de Janeiro, "que iria participar na Itália de um congresso de Teologia".

À medida que o Cristo Redentor e o Corcovado iam desaparecendo, os sentimentos de alívio, saudade e perplexidade revezavam-se em sobressalto no seu coração de padre novo, com apenas um mês e sete dias de ordenação.

A bordo do transatlântico *Giulio Cesare*, uma das maravilhas da indústria náutica italiana, o padre imaginava distinguir por detrás das montanhas cariocas o Pico do Itabirito, a catedral, o casario colonial de Mariana e a fachada sóbria e querida do Seminário Maior São José.

Quase que ele não estava ali, a caminho de Roma. Às vésperas do embarque, padre Guilherme Porto, 24 anos, mineiro de Conceição do Rio Verde, saiu do Seminário do Rio Comprido, onde se hospedara, para um passeio matutino de despedida. Na volta, o porteiro informou:

– Seu bispo está aí.

– Uai, eu já me despedi de Dom Othon em Campanha há três dias.

Era o próprio. E sua cara não era das melhores. Mostrava inquietação. Perguntou, sem lero-lero:

– Você já preparou os papéis para viajar?

– Já. Por quê?

– Porque eu queria levar você de volta a Campanha. Dom Oscar fechou o Seminário Maior de Mariana e preciso estudar o que fazer com nossos seminaristas daqui para frente.

Dom Othon Motta sentia-se em casa ali, mas não estava feliz naquele início de setembro na cidade onde nascera, estudara e se ordenara em 1936. Antes de completar 23 anos já dava aula no Seminário São José do Rio Comprido onde, provavelmente, um de seus alunos foi o jornalista e escritor Carlos Heitor Cony, autor do livro *Informação ao crucificado*, em que narra sua saída do seminário.

Tinha ido ao Rio de Janeiro para encontrar-se com o Núncio Apostólico, Dom Sebastião Baggio. Com notável currículo episcopal, Dom Othon fora feito bispo pelo Papa Pio XII, em março de 1953, e nomeado auxiliar de Juiz de Fora. Em 1955, o Papa o transferiu para o Rio de Janeiro, como bispo auxiliar do arcebispo e cardeal Dom Jaime Câmara. Em 1959, outro Papa, João XXIII, devolveu-o a Minas, como bispo coadjutor da Campanha, com direito a sucessão, de Dom Frei Inocêncio Engelke, Ordem dos Frades Menores (OFM), como realmente ocorreu no ano seguinte.

Escolhido por seus pares da Conferência Nacional dos Bispos do Brasil (CNBB), Dom Othon representava os bispos junto à Nunciatura em assuntos referentes à formação seminarística. Há seis anos a capital havia sido transferida para Brasília, mas a Nunciatura Apostólica permanecia no Rio.

"Meu bispo viera comunicar ao Núncio que o arcebispo Dom Oscar de Oliveira havia fechado o Seminário Maior de

Mariana e mandado embora os padres lazaristas." Guilherme Porto conta que se assustou com o desfecho da crise. Tivera um mau pressentimento sobre ela, dias antes. Diz que alertara a Dom Othon sobre o "clima de insatisfação" entre os alunos de Filosofia e Teologia, em Mariana.

Depois de ordenado padre em 7 de agosto de 1966 por Dom Othon em Conceição do Rio Verde, sua cidade natal, Guilherme viajou no início do mês seguinte para Mariana. Precisava, conforme o combinado com o reitor, prestar os exames finais de quartanista de Teologia nas disciplinas de Dogmática, Teologia Moral, Sagrada Escritura e Direito Canônico. Desde 1965 estava tudo acertado com o reitor padre Belchior Cornélio da Silva. "Me ordenaria no meio do ano de 66 e seguiria para um curso de especialização em Roma".

Na volta a Campanha, após as provas finais de Teologia, padre Guilherme deu notícia a seu bispo do "clima ruim em Mariana":

– Não sei o que vai acontecer.

Com o encerramento do Concílio Ecumênico Vaticano II, em 8 de dezembro de 1965, e o retorno de Dom Oscar de Oliveira a Mariana, ficou claro o descompasso entre o arcebispo e os seminaristas, apoiados pelos padres lazaristas.

> O descontentamento era geral com a linha de pensamento do arcebispo. A ideia dele sobre o Concílio não correspondia à aspiração dos subdiáconos e diáconos, quase na hora da ordenação. Os professores lazaristas eram abertos; o arcebispo, não. Ele tinha uma visão conservadora da Igreja e isso fez crescer a decepção entre os seminaristas.

> Dom Othon tinha conhecimento da situação. Eu o avisara do descontentamento com a visão superada de Dom Oscar sobre o Concílio. Nós seminaristas,

que acompanhávamos as discussões e os documentos conciliares, entendíamos que o arcebispo se encontrava em posição diferente, contrária à de Paulo VI.

O encontro com Dom Othon Motta no Seminário do Rio Comprido levou padre Guilherme ao pânico. O sonho de estudar em Roma, perto do Papa, viver o clima renovador da Igreja depois do Concílio já estava na bagagem, pronta para despachar. Com passagem comprada, malas arrumadas, ele aguardava o momento do embarque no *Giulio Cesare*, atracado no cais. Estava curioso para confirmar o que a imprensa proclamava do navio, o primeiro grande barco italiano construído com técnicas modernas após a Segunda Grande Guerra pelo estaleiro Cantieri Riuniti dell'Adriatico para a Itália – Società di Navigazione, de Gênova.

O transatlântico navegava com a elegância do *Cisne Branco* da Marinha, apesar de carregar 27,6 mil toneladas de peso, e de seus 188 metros de comprimento, 26,6 metros de largura e 15 metros de altura. Sua velocidade de cruzeiro atingia a 21,5 nós – cerca de 40 quilômetros por hora, graças a dois poderosos motores diesel FIAT, com 25.000 kW de potência. Fazia o percurso Rio/Gênova em apenas 14 dias – uma proeza turística na época. Transportava, confortavelmente, 1.073 passageiros (215 em primeira classe e 858 em classe turística) e mais 529 tripulantes. A propaganda falava dos salões de jantar, cinema e teatro – todos os ambientes, inclusive, as cabines, com ar-condicionado.

Como tudo estava pronto – documentos, vacinação, passagem –, o bispo achou por bem manter a programação de seu jovem padre. Pode ser que o bom senso de Dom Othon Motta deu u'a mão ao Espírito Santo em sua tarefa de soprar o nome dos candidatos ao episcopado ao Vaticano. Como era da tradição, o diploma universitário romano era meio caminho andado para a mitra.

Foi um alívio receber a autorização para prosseguir o caminho para Roma. Mesmo preparado para "alguma coisa de ruim", ele nunca conseguiria adivinhar o trágico fim do seminário, onde cursara Filosofia e Teologia, embora fosse conterrâneo da vidente Neila Alckmin, que ganharia notoriedade muitos anos mais tarde, nos turbulentos dias do governo Collor de Mello.

> Viajei sabendo que Mariana tinha fechado. Difícil de acreditar. Só, na partida para o exílio, imaginava o drama dos seminaristas devolvidos às suas dioceses, sem mais nem menos. Eu estava em estado de perplexidade em alto-mar. Tínhamos professores lazaristas de alta competência. O padre Cornélio e o padre Ildeu eram sumidades. Padre Avelar, uma figura única: Deus fez e não tinha cópia.

> Havia ainda o padre Maia, da orquestra, e o padre Eliseu, que era ecônomo. Dois sacerdotes diocesanos atuavam como nossos professores: o cônego Mauro Faria, de Direito Canônico, e o cônego Vicente Dilascio que me parecia mais um vigário de Mariana. Cônego Dilascio exercia um papel figurativo no seminário. Às vezes dava explicações sobre os livros de escrituração paroquial, como anotar batizados e casamentos, por exemplo.

Anotações no diário de bordo:

> O navio chegou a Barcelona no dia 24 de setembro, um sábado, por volta do meio-dia e ali permaneceu até o dia seguinte. O Giulio Cesare passou então, por Cannes, sem entrar no porto, e atracou em Gênova às 19 horas do domingo, 25, partindo para Nápoles no dia seguinte, ao meio-dia. A chegada a Nápoles aconteceu na manhã do dia 27, uma terça-feira.

O navio percorreu:
- entre o RJ e Barcelona, 4.720 milhas
- entre o RJ e Gênova, 5.078 milhas
- entre o RJ e Nápoles, 5.416 milhas

Em Roma, o padre mineiro morou no Colégio Pio Brasileiro, de Via Aurelia, então entregue ao comando do que havia de melhor e mais avançado na Igreja, a tropa de elite do Papa, a Companhia de Jesus. Dirigia o Pio Brasileiro o reitor padre Luiz Monnerat. Guilherme matriculou-se na Accademia Alfonsiana da Pontifícia Universidade Lateranense.

Vai ver que ele, no seu entusiasmo juvenil, não se deu conta de que ingressara numa fábrica de bispos. Nos passos da Pontifícia Universidade Gregoriana, dos jesuítas, o "Alfonsianum", fundado em 1949 pelos padres redentoristas para "ensinar aqueles que ensinam", apresentava-se já nos anos 1960, quando foi incorporado à Pontifícia Universidade Lateranense, como novo criadouro de candidatos ao solidéu. E de pensadores da Igreja. De fato, na incorporação à Lateranense, o reitor declarou:

> Trata-se de um verdadeiro e autêntico Instituto de Teologia Moral, o primeiro do gênero em toda a história da Igreja que, inspirando-se no magistério de Santo Afonso de Ligório, se propõe a aprofundar o estudo dos aspectos naturais e sobrenaturais de todos os problemas da vida moral, segundo as exigências do mundo moderno sob a direção do magistério da Igreja.

Guilherme Porto estudou na Accademia Alfonsiana quando sua influência ultrapassara as fronteiras universitárias. Alguns de seus professores, segundo o *site* da entidade, "colaboraram ativamente na elaboração de documentos fundamentais do Concílio Vaticano II, como por exemplo, a Gaudium et Spes".

Em 1968, padre Porto saiu graduado de lá, com especialização em Teologia Moral.

Regressou ao Brasil e, em 1969, assumiu o cargo de reitor do seminário da diocese da Campanha. Explica: "o seminário era da diocese, mas funcionava em Três Corações; os campanhenses fazem questão de usar sempre 'da Campanha'".

Em 1998, padre Guilherme Porto entrou para a estatística do "Alfonsianum", que registra 45 ex-alunos elevados ao episcopado. O Papa João Paulo II nomeou-o bispo coadjutor de Sete Lagoas. Segundo o Direito Canônico, o coadjutor tem direito de sucessão.

No ano seguinte, com a renúncia de Dom José Lima, tornou-se o quarto bispo da diocese, criada em 1955 pelo Papa Pio XII. Fazem parte dela municípios de relevância cultural como Pompéu, de Dona Joaquina, e Cordisburgo, terra natal do escritor João Guimarães Rosa.

Em agosto de 2015, o bispo de Sete Lagoas, Dom Guilherme Porto, de palavra fácil, faz uma pausa nas audiências para rememorações dos fatos acontecidos *"in illo tempore"*, como dizia o Evangelho em latim ao iniciar um episódio da vida de Jesus. "Naquele tempo". No segundo andar da Cúria Diocesana, localizada à rua Major Campos, 154, Dom Guilherme Porto veste-se como um leigo, comporta-se com simplicidade franciscana.

Durante um bom tempo, o bispo viajou a bordo das memórias de Mariana e do *Giulio Cesare*. Compara os episódios narrados nos Atos dos Apóstolos após a morte de Tiago, o Maior, com o fechamento do seminário. Diante das perseguições dos judeus em Jerusalém, os primeiros discípulos se espalharam pelo mundo. "Na diáspora de Mariana, os seminaristas também foram dispersos por aí".

Capítulo 4
Palú

Padre Lauro Palú não sabia o que responder à pergunta marota de seu antigo professor:

– Você já se casou?

Casamento de padre deixara de ser novidade desde janeiro de 1966, quando o jornal *Correio da Manhã* publicou, no dia 7, uma sexta-feira, que o padre Pedro Maciel Vidigal, da arquidiocese de Mariana, iria se casar com Rute Guerra. Deputado federal pelo extinto PSD mineiro, padre Pedro Maciel Vidigal militava no MDB, em oposição ao governo militar.

Segundo o jornal carioca, o padre nasceu em 1907, na cidade de Calambau, "que por achar o nome muito feio cuidou de mudar para Presidente Bernardes". Estudou no seminário de Mariana e foi ordenado padre em 1930. Foi vigário em várias cidades, inclusive em Nova Era, onde conheceu a noiva, Rute, 47 anos, gerente do banco Itaú, e filha de José Lage Guerra, antigo presidente da extinta UDN.

A notícia informa ainda que "o padre-deputado conseguiu a permissão especial do Papa Paulo VI, em 16 de março do ano passado, para deixar os encargos do sacerdócio, embora não pretenda deixar de servir a Igreja ou abandonar sua carreira política". Foi o próprio arcebispo de Mariana, Dom Oscar de Oliveira, quem comunicou ao noivo a licença do Vaticano.

Em nota distribuída à imprensa, Vidigal afirmou:

> Não há motivo para quem quer que seja ficar escandalizado com esta notícia, que estou confirmando. Pois, a mesma Igreja que me conferiu a honra e a dignidade incríveis do sacerdócio por um de seus arcebispos, por outro dos seus arcebispos irá presidir a cerimônia de meu casamento religioso com a senhorita Rute Guerra, a quem Deus concedeu o privilégio de possuir grandes virtudes.

Na maioria das vezes em que Palú atendera ao chamado da família, Belchior, que não gostava de ser chamado de Cornélio, por ojeriza à etimologia da palavra, permanecia prisioneiro do silêncio. Ou de memórias de um mundo findo. Parecia não reconhecer ninguém.

Lauro Palú observava, pesaroso, o ex-lazarista Belchior Cornélio da Silva na cama, entre travesseiros. Mineiro, Cornélio nascera em 14 de fevereiro de 1925, em Saúde de Perdigão, nas redondezas de Araújos, de onde vinham também seus primos Zico, Dom Belchior, padre José Tobias e Dom Vicente. Entrara para o Seminário do Caraça em 22 de janeiro de 1938, registrado com o número 819 no livro de matrícula da casa. Mais tarde, fez o seminário maior em Petrópolis e foi ordenado padre em 8 de setembro de 1949, aos 24 anos de idade.

Em 1955, segundo informa padre José Tobias Zico no livro *Congregação da Missão no Brasil*, padre Cornélio foi do Seminário de Fortaleza, onde lecionava, para Roma. Em sua volta ao Brasil, a congregação o colocou em Mariana.

Em 1965, quando Lauro Palú, recém-ordenado padre, foi designado "prefeito de disciplina" do Seminário Maior São José de Mariana, o reitor era padre Cornélio. Reitor e maior estrela, segundo o *curriculum vitae* publicado no livrinho de bolso *Calendário do Seminário Maior Arquidiocesano de Mariana para o ano de 1965*, entregue aos seminaristas quando retornaram das férias para o ano letivo.

"Aprovado pelo Exmo. Sr. Arcebispo D. Oscar de Oliveira", o calendário registrava, na página inicial, as datas comemorativas de 1965 e que os alunos deveriam levar em consideração toda vez que vestissem sua batina: (ano) "215 da fundação do seminário; 112 da entrega da direção do seminário aos padres da Congregação da Missão; e 31 da transferência para o novo prédio do Seminário Maior São José".

Encabeçando a lista dos professores, o "Revmo. Pe. Dr. Belchior Cornélio da Silva, C.M.", bacharel em Direito Canônico pela Pontifícia Universidade Gregoriana, de Roma; doutor em Teologia pelo Pontifício Ateneu "Angelicum", também de Roma; com estágio na St. John's University, de Nova York. Em Mariana, exercia ainda as funções de "examinador pro-sinodal" e "juiz pro-sinodal no S. Tribunal Arquidiocesano", quer dizer, cabia-lhe examinar outros teólogos. No seminário, dava aulas de Teologia Dogmática, História da Filosofia e atuava como professor do Curso Introdutório, acumulando o cargo de "diretor da equipe vocacional".

Ninguém duvidava de que padre Cornélio estivesse programado para a mitra episcopal. Vivera em Roma, estudara na Gregoriana, bebera das fontes puras da doutrina e da disciplina. Além do mais, esbanjava qualidades valorizadas em dias conciliares, como a abertura para as igrejas anglicanas e luteranas: sabia francês, inglês, alemão e muito latim. Ele fulgurava como um círio na vigília pascal.

Lauro Palú, ordenado em setembro de 1964, tinha pouca idade – apenas 25 anos, e um currículo mais modesto. Ensinava Filosofia para as turmas do segundo e do terceiro ano. Na Teologia, lecionava Apologética e História Eclesiástica. "Eu era menos um professor e mais um colega dos seminaristas. Era mais novo do que 35 seminaristas. Jogava bola com eles, me divertia com os meninos, fazia parte do corinho", lembra-se, meio século depois, o agora setentão Palú.

Na manhã clara de 17 de julho de 2015, padre Lauro Palú, C.M. (Congregação da Missão), caminha pelo corredor externo entre o pátio do relógio de sol e a capela gótica de Nossa Senhora Mãe dos Homens. Ele é o diretor do Santuário do Caraça, desde julho de 2014. Conhece a casa, os costumes e as histórias do antigo colégio com a precisão do naturalista que desenha, de cor, cada trilha, cada pico, cada cachoeira do território sagrado do Caraça.

Carrega pelas alças uma máquina fotográfica protegida em saco plástico – para não pegar sereno, não embaçar as lentes, certamente. Vinha da Fazenda do Engenho, onde espreitara, em vão, uma onça que espalhava notícias de sua presença na região. De perfil, ainda lembra o ator norte-americano Harrison Ford. Faz frio no Caraça. Mas não é aquele frio que o garoto paranaense Lauro Palú experimentou pela primeira vez quando chegou ao Seminário do Caraça em 4 de janeiro de 1953.

Tem boa memória. Canta uma das canções folclóricas que o "Corinho Brasileiro" apresentava em Mariana:

> Beijemo, arrebeijemo,
> Tornemo a rebejá
> Os pés da cruz de Cristo
> Que é pro Cristo nos sarvá.

Recomenda conversar com João Emílio de Souza, na época aluno do segundo ano de Teologia e atualmente vigário da paróquia São Bento em Belo Horizonte. "Ele sabe todas as músicas do corinho".

Sucedera a padre Luciano Castelo no cargo de disciplinário. Atuava ainda como diretor do "Círculo Imprensa, Rádio, Televisão e Cinema" no seminário, numa época de efervescência política e social no Brasil. O Golpe Militar derrubara o presidente João Goulart, o substituiu pelo marechal Humberto Castello Branco, cassou mandatos parlamentares e suprimiu as liberdades democráticas.

O clero progressista, considerado de esquerda, foi colocado para escanteio. Em Minas, os arcebispos Dom Oscar de Oliveira, de Mariana, e Dom Geraldo de Proença Sigaud, de Diamantina, apoiavam o novo regime. Isso não era novidade, segundo Riolando Azzi: os bispos mineiros, de Dom Viçoso a Dom Silvério, sempre foram governistas desde a monarquia.

Embora tivesse participado de três assembleias conciliares do Vaticano II, que reuniu em Roma cerca de 2.500 bispos do mundo inteiro, ávidos pela renovação litúrgica e pelo "*aggiornamento*" da Igreja, Dom Oscar rezava no breviário dos tradicionalistas e dos militares brasileiros.

Ele não participou da abertura do concílio por João XXIII nem da sua primeira fase, porque se recuperava de um acidente automobilístico sofrido em agosto de 1962, durante visita pastoral a Piranga – segundo o cônego José Geraldo Vidigal de Carvalho no livro *Dom Oscar de Oliveira: um apóstolo admirável*.

Era inteligente e culto. O arcebispo Dom Helvécio Gomes de Oliveira o enviou a Roma em 1933 para estudar Teologia no Colégio Pio Latino Americano. Oscar, natural de Entre Rios de Minas, integrou, junto com o futuro cardeal Agnelo Rossi, a turma de seminaristas fundadores do Colégio Pio Brasileiro, inaugurado em Roma, em 1934, pelo Papa Pio XI.

Em 27 de outubro de 1935, em pleno regime fascista de Benito Mussolini, Oscar foi ordenado padre aos 23 anos de idade. Permaneceu em Roma e doutorou-se em Direito Canônico na Gregoriana com a tese *Os Dízimos Eclesiásticos no Brasil nos períodos da Colônia e do Império.* Aprovado *summa cum laude.*

O Concílio Vaticano II, aberto pelo Papa João XXIII em 1962 e encerrado por Paulo VI em 1965, mexeu com a Igreja do mundo inteiro. Documentos aprovados pelos bispos introduziram inovações que aproximavam Igreja e povo, como a missa em vernáculo, o altar voltado para a comunidade, um catecismo atualizado com a evolução da ciência e padres que saíam da sacristia para viver perto dos fiéis.

Em Mariana, porém, as coisas iam mais lentamente. Enquanto os seminaristas ansiavam por mudanças, o arcebispo preferia ir devagar com o andor. Na contramão daqueles dias, Dom Oscar mandou gravar nas tábuas da lei de sua arquidiocese os valores supremos de sua ortodoxia. Em primeiro lugar, o latim, que devia continuar como a língua oficial do velho educandário, fundado em 20 de dezembro de 1750 por Dom Frei Manuel da Cruz, primeiro bispo local. Em segundo lugar, o celibato e não se fala mais nisso.

Podia-se dizer que o arcebispo estava bem servido de auxiliares na formação dos futuros padres. Os lazaristas designaram professores de primeira grandeza para o Maior, como o padre Ildeu Pinto Coelho, licenciado em Teologia pelo Angelicum, dos dominicanos, e o cônego Mauro Faria, licenciado em Direito Canônico pela Gregoriana, dos jesuítas, ambos formados em Roma.

Padre José Dias Avelar, o decano da casa, nascera no século XIX, em 24 de julho de 1898, e sua ordenação ocorreu em 1922. Ensinava Introdução à Sagrada Escritura e História do Povo de Israel. Padre Antônio Borges Horta, secretário do seminário e prefeito da capela, era professor de Filosofia e de Liturgia, de Arte Sacra e Rubrica para os teólogos. No pináculo da equipe, Padre Joaquim Meireles Maia ocupava posto especial, como diretor espiritual, e brilhava sobretudo como diretor da Cantoria e da Orquestra. Além disso, dava aulas de Teologia Moral, Biologia e Canto Gregoriano. Foi afastado do seminário pelo arcebispo Dom Oscar de Oliveira. O reitor padre Cornélio não deu explicações à comunidade sobre os motivos de sua decisão. Cabiam ao padre Argemiro Moreira, prefeito dos Estudos, as matérias de Dogma Fundamental, Liturgia, Pedagogia Catequética, Ascética e Mística. Por fim, o cônego Vicente Dilascio, professor de Escrituração Paroquial, juiz-presidente do S. Tribunal Arquidiocesano e cura da catedral. Dele, os seminaristas faziam alegre chacota, cantando com a música de "Louvando a Maria" um versinho para a coroação de maio na catedral:

> O anjo descendo
> Num cabo de aço
> E o cônego Dilascio
> Olhando por baixo.

Assim, criativos e debochados, costumavam brincar os seminaristas naqueles dias que precederam a "diáspora". Diáconos, subdiáconos, a turma com tonsura e ordens menores, não percebiam as nuvens negras que se avolumavam pelas bandas do pico do Itacolomi.

As manhãs, porém, vinham esplêndidas, em tons avermelhados. Apenas padre Belchior Cornélio da Silva, familiarizado com a literatura italiana, suspeitava que alguma coisa podia estar a caminho, como avisava o provérbio romano: "Rosso di sera, bel tempo si spera; rosso di mattina, tempesta si avvicina". A tempestade aproximava-se. A galope de cavalo campolina, uma joia genética de Entre Rios, terra natal do arcebispo.

Em 1965, 127 alunos – 63 de Teologia e 64 de Filosofia – achavam-se matriculados no Seminário Maior São José, sob os cuidados dos padres da Congregação da Missão, fundada em

Paris por São Vicente de Paulo em 1625. Ficaram conhecidos como lazaristas porque seu primeiro endereço em Paris era a "Casa de São Lázaro". A formação do clero é um dos carismas da congregação.

Os bispos brasileiros confiavam nos lazaristas. Dom Oscar de Oliveira mantinha 33 alunos ali. Dom José D'Angelo Neto, arcebispo de Pouso Alegre, com 26 alunos, e Dom Othon Motta, de Campanha, com 17 alunos, rivalizavam com Mariana em número de seminaristas, gozando da fama de dioceses pródigas em vocações sacerdotais.

O bispo de Caratinga, Dom José E. Correia, responsabiliza-va-se por sete alunos, o mesmo número do grupo de estudantes enviados por Dom Delfim R. Guedes, de São João del-Rei. A arquidiocese de Brasília, recém-inaugurada, tinha 6 alunos. Dom José Newton de A. Batista teria sido nomeado para lá pelo Vaticano por gestões do seu amigo de Diamantina, o presidente Juscelino Kubitschek.

Na época, Dom José Newton pediu a Mariana um semina-rista maior para compor os quadros da primeira arquidiocese. Deram-lhe de presente o seminarista Raimundo Damasceno, da mineira Capela Nova das Dores, que foi estudar em Roma e na Alemanha, e que desde 2010 é cardeal de Aparecida.

A maioria das dioceses mantinha apenas um estudante no Seminário, como nos casos de Juiz de Fora (Dom Geraldo Maria Penido), Leopoldina (Dom Geraldo F. Reis), Sete Lagoas (Dom Daniel T. Baeta Neves), Rondonópolis (Dom Frei Vunibaldo Talleur, OFM), Araguaia (Dom Camilo Faresin, SDB), Cristalândia (Dom Frei Jaime A. Schuck, OFM), e Teófilo Otoni (Dom Quirino Schmitz, OFM).

Compareciam cada um com três alunos os bispos Dom Manoel N. Coelho, de Luz, e seu coadjutor Dom Belchior J. Neto; Dom José Maria Pires, de Araçuaí; e com dois estudantes, os bispos Dom José N. Grossi, de Bom Jesus da Lapa; e Dom João Przyklenk, MSF, de Januária. Padre Geraldo Silva, superior da congregação SDN – Missionários Sacramentinos de Nossa Senhora, com quatro alunos, e o padre Francisco Barreira, superior do Movimento Missionário Mundial (MMM), com dois seminaristas, também contratavam os serviços de Mariana.

Mariana, segundo os mais entusiasmados, reluzia nos sertões mineiros como "uma pequena Florença". Encantava mais do que o Caraça. Em 12 de abril de 1881, o imperador Pedro II, acompanhado da imperatriz Teresa Cristina, visitou o Caraça e anotou em seu diário:

> Cantaram uns versos franceses antes de oferecerem um ramo com os versos acompanhados de flores pintadas, pelo professor de desenho, à imperatriz. Tocou a banda dos alunos, que é sofrível.

Três dias depois, Sua Majestade chegou a Mariana, onde confessou-se com monsenhor Silvério Gomes Pimenta, mais tarde o primeiro bispo negro do Brasil e arcebispo de Mariana. Dom Pedro II não ouviu a banda do seminário, mas anotou em seu diário:

> Seminário. Muito bem arranjado. Reitor Cornagliotto, o que pregou ontem. Gostei, sobretudo, do estudante Barroso, de latim. O Carlindo dos Santos, de Caeté, tem talento e não se saiu mal do latim. Compêndio de Filosofia do Soriano. Não gostei das respostas em geometria. O monsenhor da Santa Sé – cônego Pimenta – é professor de história. Tem estudado hebraico e vi um cumprimento que ele escrevera nessa língua. Padre Cardito de Nápoles, professor de geografia, aritmética e álgebra; conhece o árabe. Esteve muitos anos na Terra Santa.

No último ano do Vaticano II, as atividades culturais marcavam o dia a dia dos seminaristas e, possivelmente, mascaravam a crise de identidade que chacoalhava as almas dos jovens, atarantados à procura de um caminho novo para o sacerdócio. Eles não sabiam bem o que queriam. Tinham certeza, porém, de que não queriam ser como padre Olavo, interpretado por Dionísio Azevedo, no filme *O pagador de promessa*, dirigido por Anselmo Duarte, com base na peça de Dias Gomes. O filme, um clássico do cinema brasileiro, foi vencedor da Palma de Ouro em Cannes, em 1962. Retrata a intolerância dos padres no Brasil antes do Concílio Vaticano II, distantes da população simples, incapazes de compreender a herança religiosa afro-baiana e arraigados no catecismo tridentino.

Em 1966, já no Rio de Janeiro, o então padre João Batista Ferreira escreveu em seu diário: "O Seminário Maior era um centro de reflexão, debate e estudo dos mais invejáveis. Possuía uma orquestra de grande envergadura, digna de grandes ribaltas. Seu coral, afinadíssimo e de vasto repertório, passou a cultivar o canto profano ou música popular".

Em outro texto de memórias, João Batista lembra a orquestra, famosa, "tocando clássicos, soberba na execução de O Guarani". E o coral, ou *schola cantorum*, treinado na polifonia sacra e profana, "convocado para abrilhantar festas, missas solenes, datas cívicas em terras mineiras, apresentando-se em igrejas, palcos e salões".

Cita ainda a equipe de teatro que arrancava aplausos do público. Uma das peças "que fez sucesso absoluto foi o monólogo As Mãos de Eurídice, de Pedro Bloch". O grêmio literário, integrado por rapazes talentosos, filósofos e teólogos de várias dioceses de Minas e do Brasil, "congregava oradores e poetas que chegaram a ganhar prêmios em concursos de Ouro Preto e Belo Horizonte".

No calendário semanal, a vida seguia devagar, como no poema de Drummond. Aos domingos e dias santos, missa, vésperas, bênção solene. Nas terças e quintas-feiras, em vez de leitura espiritual em particular, reunião geral na sala de Teologia, para avisos e conferências. Confissões, habitualmente, todos os dias, no estudo da noite. Às quintas-feiras, sueto – dia livre para passeios ou com programação cultural intensa, aulas de música, ensaios da orquestra e do grupo de teatro. Visitas à biblioteca de mais de 50 mil volumes.

Os horários dos dias ordinários começavam a ser observados às 05h15 minutos, com o levantar. *Laudes* e meditação às 05h45. A missa às 6h25, seguida do café às 7h10. Primeira aula às 8h40. Recreio às 9h25 e dez minutos depois, a segunda aula. No intervalo, recreio de dez minutos e a terceira aula iniciava às 10h:30. Às 11h15, tempo livre em silêncio e cinco minutos depois, todos na capela, para a leitura do Novo Testamento, exame de consciência e oração do *Angelus*.

Tudo corrido e até hoje os antigos seminaristas, reunidos na Associação de Ex-Alunos de Mariana (AEXAM), não entendem como davam conta de seguir aquele horário militar: 11h30, almoço, e de 12h até 13h05, recreio ou sesta livre. A rigidez recomeçava às 13h15, com estudo, canto ou aula de música até 13h45. A quarta aula do dia estava marcada para 14h15, e 45 minutos mais tarde, tempo de lazer: merenda, recreio, esportes, banho, piscina. Às 16h15, estudo. Jantar em horário do interior de Minas, ou seja, às 18h, e às 19h15, mais estudo, até as 20h30 para a leitura espiritual, as completas, o chá, e, finalmente, o "apagar das luzes" às 21h30. Ufa! Uma observação do livrinho do calendário: "terço e visita ao Santíssimo em particular".

O cônego João Francisco Ribeiro, ordenado por Dom Oscar de Oliveira em 29 de junho de 1965, Dia de São Pedro, tem saudades da gestão do reitor Belchior Cornélio da Silva:

"ele tinha uma inteligência invulgar, era zeloso e culto e um dia resolveu deixar o sacerdócio e se casar". Ribeiro conserva em seu escritório na reitoria de São Vicente, em Santa Bárbara, o sermão que padre Cornélio pronunciou em sua primeira missa. "É o sermão mais bonito sobre a Quinta-Feira Santa que já ouvi".

Padre Lauro Palú escandalizou-se com o que padre Cornélio lhe disse certa vez. Conversavam sobre a rotina do seminário. "Deixe essa cambada para lá e vamos cuidar de nossa literatura" – disse o reitor.

Na verdade, já naqueles dias padre Cornélio não tinha mais paciência com o bispo, com os seminaristas, nem com a Congregação da Missão, nem com a Igreja. Estava em outra. Perdera o entusiasmo pelo ministério presbiteral e se deixara levar pela literatura, pelos poemas de Carlos Drummond de Andrade e pela tradução de obras alemãs para o português, como *Obstinação*, escritos autobiográficos de Hermann Hesse (Editora Record). Publicou também *O pio da coruja*, ensaios literários sobre Graciliano Ramos, Carlos Drummond de Andrade, Tobias Barreto e Guimarães Rosa (Editora São Vicente).

Em 1968, dois anos depois do fechamento do seminário de Mariana, em crise de fé, padre Cornélio saiu da Congregação da Missão, obteve dispensa do ministério sacerdotal e casou-se em 1970. Mudara-se para o Rio de Janeiro. "Ele perdeu a fé, não acreditava em mais nada" – rememora monsenhor Pedro Terra Filho, seu companheiro de magistério no seminário e de estudo do alemão. "Eu aprendi o idioma em viagens à Alemanha. Um biblista que não sabe alemão pode desistir. Cornélio era autodidata e sabia mais do que eu".

Já secularizado, Belchior Cornélio da Silva criou o maior fuzuê na Universidade Federal do Rio de Janeiro. Não havia professores de latim suficientes para compor a banca examinadora de seu pós-doutorado em Letras e Filologia. Foi preciso recorrer, às pressas, a Dom Estevão Bittencourt, do Mosteiro dos Beneditinos, e a outros latinistas.

O episódio é contado por Cornélio e pelo editor do livro *Carmina Drummondiana*. No apêndice, escrito por Cornélio, a explicação:

> Tese em latim e jurisprudência. – Já formalizada a inscrição no concurso de livre-docência em Língua e Literatura Latinas (UFRJ), surgiu uma representação, na qual se alegava que a tese sobre Drummond de Andrade deveria ser excluída do certame por uma única razão: "estar integralmente redigida em língua latina" (sic!). Impetrado o devido recurso, tiveram os Carmina Drummondiana pleno ganho de causa (Proc. n. 3929/79 e 154/80). Em consequência, os estudantes em nível de Pós-Graduação (Mestrado e Doutorado) e Pós-Doutoramento (Livre-Docência) podem redigir integralmente suas teses e trabalhos acadêmicos no idioma em que pretendem demonstrar seus conhecimentos. Notável benefício para as Letras, aqui anotado por se associar, em boa hora, ao nome do grande humanista que é o Poeta de Itabira.

Já o editor, na página 9, assina o segundo texto:

> Ademais, percorreu esta versão um itinerário aca-dêmico, digno de ser aqui ressaltado: saiu vitorio-sa em Concurso Público de Pós-Doutoramento no Departamento de Letras Clássicas da UFRJ (Livre-Docência em Língua e Literatura Latinas). Apresentou-a Silva Bélkior como parte de sua longa tese, integralmente redigida em latim e intitulada "LII Carmina Drummondiana Latine Reddita". As diversas provas deste certame revestiram-se de caráter pouco comum, por terem tido como fulcro – e pela primeira

vez – a tradução latina de poemas de um Autor brasileiro e moderno. Figuraram na Banca Examinadora eminentes latinistas: Prof. Dr. Olmar da Silveira Guterrez, da UFRJ; Prof' Dra. Ruth Junqueira de Faria, da UFRJ; Dom Estêvão Bettencourt, OSB, Professor Catedrático da Universidade Santa Úrsula; Prof. Dr. Evanildo Cavalcanti Bechara, da Universidade do Estado do Rio de Janeiro; e Prof. Antônio José Chediak, da UERJ e da Universidade Santa Úrsula.

Talvez, à distância do cotidiano carioca e percebendo a chegada de sua hora, rememorasse o "Carmen Purificationis", o "Poema da Purificação", de Drummond, e o recitasse, como se fosse jaculatória, ou um salmo do breviário abjurado:

> *Tot ad finem praeliorum*
> *bonus angelus malo mortem intulit*
> *cuius corpus praeceps dedit flumini.*
>
> *Evaserunt undae rubrae*
> *sanguine perenniter,*
> *mortui sunt et pisces omnes.*
>
> *Lumen tamen unde veniens*
> *nemo fuit qui diceret*
> *mundo illuminando apparuit,*
> *angelusque vulnus alter persanavit*
> *dimicantis angeli.*

> Depois de tantos combates
> o anjo bom matou o anjo mau
> e jogou seu corpo no rio.
>
> As águas ficaram tintas
> de um sangue que não descorava
> e os peixes todos morreram.

Mas uma luz que ninguém soube
dizer de onde tinha vindo
apareceu para clarear o mundo,
e outro anjo pensou a ferida
do anjo batalhador.

Agora, quase em estado agônico, Belchior Cornélio da Silva inquire o seu antigo aluno e confrade lazarista.

– Você já se casou?

E como não recebesse resposta, ele mesmo respondeu com um sorriso de anjo barroco de Minas Gerais:

– É bom!

Padre Lauro escreveu, então:

> No dia 17 de abril deste ano de 2008, faleceu, no Rio de Janeiro, em casa, assistido pela esposa e por seu casal de filhos, o nosso ex-coirmão Belchior Cornélio da Silva, nascido em 1925, ordenado padre em 1949 e que obteve dispensa dos compromissos sacerdotais e se casou em 1970. Era primo dos coirmãos Zico (Dom Belchior, Pe. Tobias e Dom Vicente). Fui aluno dele no 2º ano do Seminário Interno, em Petrópolis, onde ensinou Lógica, no tempo em que era Diretor dos Estudantes.
>
> [...]
>
> No próprio dia 17, dei-lhe a absolvição poucos minutos antes de seu falecimento. O corpo foi velado no Memorial do Carmo, onde foi cremado na manhã do dia 19. A missa de sétimo dia foi na capela da nossa Casa Provincial, com a presença de muitos amigos da família e de colegas do magistério superior.

Capítulo 5
Lembi

Meio século parece pouco para se entender o que ocorreu um dia depois da parada de 7 de setembro de 1966 em Mariana. Em 8 de setembro, celebra-se a natividade da Virgem Maria, a "*Theotokos*", "Mãe de Deus" estampada em belo ícone bizantino na basílica de Santa Sofia, em Istambul, na Turquia. "Talvez precisemos de mais 25 anos, quando todos os atores já tiverem morrido" – caçoa padre Lauro Palú.

Não é o que pensa o ex-padre João Batista Lembi Ferreira. Ele estava no Seminário Maior, no meio do furacão. "Psicanalista muito conceituado no Rio de Janeiro", na definição de Padre José Tobias Zico, João Batista narra, em minúcias, os fatos que abalaram a Igreja no Brasil.

João Batista Lembi Ferreira seguiu o exemplo de padre Cornélio e trocou Mariana pelo Rio de Janeiro. Lá foi adotado pelo mais cerebral dos quatro mosqueteiros mineiros que fizeram de Copacabana seu quintal – o psicanalista Hélio Pellegrino. "Otto, quero que você conheça um padre porreta. É o padre de que precisamos " – era Hélio ao telefone dividindo a novidade com o jornalista Otto Lara Resende.

Provavelmente, Hélio ligou também para os dois outros "Cavaleiros do Apocalipse", como se denominavam os amigos do quarteto formado ainda por Paulo Mendes Campos e Fernando Sabino. Eles acharam muita graça do conterrâneo chegado de Minas. E, ficaram fascinados pela forma com que os jornais noticiavam o fechamento do seminário de Mariana: a revoada dos anjos.

Para surpresa do jovem padre, Alceu Amoroso Lima, na época advogado fervoroso dos movimentos estudantis, manifestou interesse em saber mais sobre o ocorrido em Mariana. Alceu estivera em Minas muitas vezes e seu livro *Voz de Minas* ocupa lugar de honra nas prateleiras dos estudiosos.

> Para tanto, Hélio me pedia que escrevesse, fizesse um relato que ele pudesse repassar ao "Mestre Alceu", inconformado com o fechamento do Seminário. Dr. Tristão cobrava o estudo do Hélio que o cobrava de mim. Não o fiz. Creio que não me senti à altura. Tristão de Athayde para mim era um deus.

João Batista buscara a ajuda do analista por que estava em crise. Aluno do curso de Ciências Físicas e Biológicas na Universidade Federal de Minas Gerais, conhecera em Belo Horizonte o professor Brás Pellegrino, pai do psicanalista Hélio. Confessou-se devoto do filho, que usava os escritos dele no jornal *Correio da Manhã* em seus sermões em Ouro Preto. "O imponente mestre, católico tridentino" – conta João Batista, recomendou cuidado com o que o filho escrevia.

"Não concordava com quase nada". Por isso, quando desembarcou no Rio, em 1966, "a cabeça cheia de dúvidas", João Batista desconheceu a advertência do professor Brás e marcou consulta com Hélio Pellegrino. O consultório ficava em Copacabana, aquele bairro que o jornalista e escritor quase mineiro, Rubem Braga, censurou profeticamente na crônica "Ai de ti, Copacabana!".

Hélio Pellegrino não aceitou ser seu analista. Passou a bola para sua própria analista, a alemã Kattrin Kemper. Preferia tê-lo como amigo. Com o apoio de Pellegrino, João Batista Ferreira conseguiu nadar nas águas turbulentas pós 1966. Entrou para a Faculdade de Psicologia, interessou-se pela Psicanálise, na época recusada pelo Vaticano e pelos lazaristas.

A Igreja acreditava-se na mão certa da estrada por desconfiar da Psicanálise. Fazia pouco tempo que a experiência realizada pelo padre Grégoire Lemercier no Mosteiro da Ressurreição, dos beneditinos mexicanos, em Cuernavaca, assustou meia banda da assembleia dos bispos reunidos na Basílica de São Pedro para o Concílio Vaticano II. Padre Lemercier convenceu a comunidade monástica beneditina de Cuernavaca a participar de sessões de terapia de grupo, realizadas entre outubro de 1962 e junho de 1963. A clínica foi conduzida por dois psicanalistas, um homem e uma mulher, da International Psychoanalytical Association (IPA). Resultado: 40 dos 70 monges que participaram da terapia e o próprio Lemercier deixaram o convento. O papa Paulo VI, recém-entronizado na cátedra de Pedro, mandou fechar o mosteiro, sinalizando o perigo devastador que a Psicanálise representava para o celibato clerical.

João Batista envolveu-se com movimentos, ideias e causas que tinham sido banidas da Igreja tradicional: as passeatas estudantis, a renovação da Igreja e a conscientização dos morros e favelas pelo "método Paulo Freire" – ferramenta malvista pelos militares de 1964 por ser "de cunho vermelho", que visava "despertar a consciência marxista".

Padre João Batista escapou por sorte. Os militares, um dia, "invadiram a favela, fecharam a capela-escola e prenderam os professores". Não era seu dia de aula. Em 26 de junho de 1968, discursa de cima do palanque na Cinelândia "em nome do clero do Rio de Janeiro, por delegação de Dom José de Castro Pinto, contra a ditadura militar".

João Batista conclama "a Igreja para marchar com o povo e os estudantes em busca da justiça, da ordem, da democracia e da paz". Eleito em praça pública pelos estudantes para a famosa Comissão da Passeata dos Cem Mil, o padre amigo dos mineiros do Apocalipse acompanha a onda "vermelha" de passeatas e protestos, como aquela após a morte do estudante Edson Luís no restaurante Calabouço, que reuniu cem mil em Copacabana.

Seu programa exorbita os anseios de Mariana, que sonhava inocentemente com o fim da batina e dos padres de sacristia: "reformas estruturais, política externa independente, libertação nacional, repúdio ao imperialismo; reforma agrária já, com o combate duro ao latifúndio; ensino gratuito para todos".

No Seminário Maior de Mariana, onde padre João Batista Ferreira com apenas dois anos de ordenação substituiu o padre Joaquim Maia no cargo de "Diretor dos Estudantes", a vida ia devagar, como no poema de Drummond e como era desejo do arcebispo Dom Oscar de Oliveira. Conta padre João Batista: "O arcebispo era um reacionário de fazer inveja. Queria seus padres de batina. Resistia às mudanças na liturgia. Não suportava novidades, seguindo as orientações do Concílio de Trento, já terminado o Vaticano II".

Logo na chegada, o primeiro estranhamento. De *clergyman*, o jovem presbítero desparafusou e lançou fora a caixa de correio que ficava à porta de seu quarto no andar do dormitório dos seminaristas. Na caixa, colocavam-se as cartas que chegavam e saiam. A censura à correspondência de filósofos e teólogos revelava o regime tridentino. Mas estava de acordo com o regimento interno daquela casa bicentenária que ensinava ser a disciplina a regra da vida e o caminho da virtude. Assim, "nenhuma correspondência entrará ou poderá sair sem que passe diretamente pelas mãos do padre prefeito". Cabia ainda ao padre prefeito liberar a entrada de jornais e revistas, bem como autorizar o uso de rádios particulares. "A radiola dos seminaristas será usada nas horas de recreio. Saibam os encarregados dos discos discernir o que não seja próprio para uma casa de formação eclesiástica".

Fumar, podia; na hora do recreio. Até porque vários professores, como o padre Ildeu Pinto Coelho, fumavam desbragadamente. Um dos lazaristas, o padre José Lima, "filante" inveterado de cigarro alheio, achava que não corria risco de saúde com o fumo. "Eu não trago " – desculpava-se. "Pois devia trazer" – alfinetou padre Ildeu, certa vez.

Em 1966, a Congregação da Missão realizou mudanças na direção do Seminário Maior de Mariana. No lugar do padre Belchior Cornélio da Silva colocou como reitor o padre José Pires de Almeida, que durante sua vida religiosa servira no Colégio São Vicente do Rio de Janeiro, nos seminários de Diamantina, Fortaleza e Petrópolis, com passagens também por Paris e Roma.

Padre Almeida, nascido em 1923 na cidade mineira de Senhora do Porto, foi ordenado em 1949. Quando morreu, em 1999, o padre Visitador Eli Chaves dos Santos o chamou de "bastante culto e com grande disposição para o trabalho ". Um homem "com formação clássica" que se mostrava "sempre aberto ao novo e ao diálogo".

Com a nomeação do "piedoso, equilibrado e muito conceituado entre os coirmãos " padre José Pires de Almeida – diz padre José Tobias Zico na história dos lazaristas no Brasil – "pensava-se que sua experiência nos seminários e no Colégio São Vicente iria resolver os problemas de Mariana: certa insatisfação com o grande número de alunos, a velada divisão entre os adeptos da TFP (Tradição, Família e Propriedade) e os da Ação Católica e a natural divergência de alunos de várias dioceses que receberam formação diferente, sobretudo com a aplicação dos documentos do Concílio Vaticano II".

Em Mariana, porém, as más línguas diziam que o senhor reitor se notabilizara pelo curso de especialização em Catequese para Retardados Mentais Profundos, e que por isso fora a mais perfeita indicação para dirigir a centena de seminaristas maiores da Cidade dos Bispos.

No grêmio literário, recitava-se o poeta de Mariana, Alphonsus de Guimaraens (1870-1921) com o cuidado de não "tomar campainha". A expressão, no jargão local, explica o ex-seminarista José Amilar da Silveira, significava "cometer algum erro na hora da leitura em voz alta no refeitório e ser obrigado a repetir o trecho em que cometeu o erro".

Paulo Roberto Magalhães, que deixou o seminário no terceiro ano de Filosofia, em março de 1966, ficou marcado pela confusão de gestos quando declamava "Ismália", de Alphonsus (1923).

> Quando Ismália enlouqueceu,
> pôs-se na torre a sonhar...
> viu uma lua no céu,
> viu outra lua no mar.

Emocionado, Paulo Roberto apontou para baixo quando viu uma lua no céu e mostrou o dedo para cima quando viu outra lua no mar. Em breve, o poeta da amada louca e da religiosidade litúrgica, autor favorito de Lembi, ocuparia as mentes dos candidatos ao sacerdócio com o poema "A Catedral":

> Entre brumas ao longe surge a aurora.
> O hialino orvalho aos poucos se evapora,
>   Agoniza o arrebol.
> A catedral ebúrnea do meu sonho
> Aparece na paz do céu risonho
>   Toda branca de sol.
>
> E o sino canta em lúgubres responsos:
>   Pobre Alphonsus! Pobre Alphonsus! [...]
> Por entre lírios e lilases desce
> A tarde esquiva: amargurada prece
>   Põe-se a lua a rezar.

A catedral ebúrnea do meu sonho
Aparece na paz do céu tristonho
    Toda branca de luar.

E o sino dobra em lúgubres responsos:
    Pobre Alphonsus! Pobre Alphonsus!

O céu é todo trevas: o vento uiva.
Do relâmpago a cabeleira ruiva
    Vem açoitar o rosto meu.
E a catedral ebúrnea do meu sonho
Afunda-se no caos do céu medonho
    Como um astro que já morreu.
E o sino geme em lúgubres responsos:
    Pobre Alphonsus! Pobre Alphonsus!

A catedral de Mariana, chicoteada por ventos e relâmpagos, começou a afundar no caos do céu medonho, quando alguém resolveu promover um choque de realidade nos alunos do Maior. Até então, o máximo que se permitia era a discussão acalorada sobre a nova Teologia saída do ventre do Concílio Vaticano II.

Os rapazes devoravam os documentos conciliares. Sabia-se que era necessário mudar, mas não se sabia como. No seminário, prosperavam ideias novas. Os alunos se dividiam entre os filiados ao Apostolado da Oração e Círculos de Ação Católica por movimentos laicos politizados e engajados na luta contra a Ditadura, ou seja, as organizações da juventude católica traduzidas em siglas como JOC, JEC, JUC, JAC e JIC, para as associações operárias, estudantis, agrárias, universitárias e intelectuais.

Osvaldo Costa, que se ordenou padre em 1966 e mais tarde deixou a batina, lembra-se bem das aulas de Ação Católica do padre Ildeu Pinto e das aulas de Sociologia do padre Luciano Castelo.

Formamos espontaneamente uma equipe de reflexão que se denominou "Manda Brasa". Era formada pelos colegas Mauro Muanis, Antônio Garotti, João Gabriel Teixeira, João Augusto de Carvalho, Wanderley Antônio Rodrigues, Jairo Máximo e eu.

O objetivo da equipe era refletir os problemas pessoais interligados com a vocação sacerdotal Vaticano II e a comunidade do Seminário. O método de reflexão era o da Ação Católica: Ver, Julgar e Agir. Essa equipe foi provocando o nascimento de outras equipes de reflexão e, de 1964 a 1966, todas as salas de aula da Filosofia e da Teologia tinham equipes de reflexão que provocavam de vez em quando suas assembleias gerais para tomadas de votação e a presença de professores.

Segundo Osvaldo, as assembleias gerais se multiplicaram no ano de 1966 e, com a chegada do padre Pires, "podemos dizer que o Seminário estava tomando base para grandes reformas de acordo com as Atas do Vaticano II".

Osvaldo Costa fazia parte da última safra numerosa de seminaristas maiores enviados pela diocese de Campanha para estudar em Mariana. Em 1966, eles eram seis quartanistas de Teologia e do grupo o Vaticano escolheu Guilherme Porto para receber a mitra episcopal. Rogério Resende Vilela, João Augusto de Carvalho, José Maria Araújo e Wallace Campos Ferreira integravam o time. Na época, muitos seminaristas participavam ativamente da pastoral na cidade de Mariana, nos distritos e nas cidades vizinhas. Eles se exercitavam na catequese, nas missas, na liturgia, na Ação Católica e no ensino religioso nas escolas. Diz Osvaldo:

> Eu, por exemplo, dava assistência à JOC na cidade de Itabirito e trazia para o Seminário os militantes da JOC de Belo Horizonte com o objetivo de mostrar aos colegas como fazer uma reflexão evangélica.

Aliás, foi com a JOC que descobri como ler o Evangelho e tirar daí as mensagens de Cristo para a vida concreta, para a realidade de vida de hoje. Depois que conheci a JOC, o Evangelho passou a ser minha leitura diária para a reflexão da realidade. E faço isso até hoje e sempre... desde os idos de 1966. A ação dos colegas era intensa em toda a pastoral: cidades, escolas, meio rural, bairros, cadeias, catequese, liturgia. Sinto-me orgulhoso até hoje de algumas atitudes de renovação em toda essa história, como por exemplo, quando consegui convencer o vigário da catedral de Mariana, Vicente Dilascio, a celebrar pela primeira vez, a missa voltada para o povo. Foi uma revolução na época.

Padre Luciano Castelo aventurou-se em discussões sobre o marxismo nas aulas de sociologia, lembra-se também João Batista.

Padre Luciano Castelo era professor de Sociologia. Inflamado em seus sermões contra a Ditadura, mobilizou a moçada de Mariana e Ouro Preto, no segundo semestre de 1964, quando se percebia claramente que os militares não largariam o poder. Em outubro, viajou para a França para estudar no Instituto Católico de Paris. Uma semana depois, agentes da Secretaria de Segurança do Estado de Minas Gerais foram buscá-lo no Seminário Maior para prendê-lo, mas ouviram do Senhor Padre Reitor, Cornélio Belchior, que o padre Luciano estava na Europa.

Memórias de Monsenhor Pedro Terra Filho, sociólogo, psicanalista, consultor de empresas e professor de programas de MBA da Fundação Getúlio Vargas no Rio de Janeiro, sobre sua escapada para a França:

Foi a minha sorte porque quando estava em Paris surgiu no Brasil a ditadura militar e como nos dias de domingo eu celebrava a missa e fazia sermões para os jovens em Ouro Preto, os militares da ditadura foram a Mariana me prender e talvez me matar, porque nessa mesma época mataram um padre em Belo Horizonte.

De Paris voltei para o Rio, onde pedi dispensa ao Vaticano para deixar de ser padre e consegui. Passei primeiro a dar aulas para pessoas formadas na PUC do Rio e depois passei a dar treinamentos de Integração de Equipes e de Liderança no Brasil todo; me formei psicanalista e abri um consultório de terapia.

O envolvimento do clero na política, nas articulações partidárias, e principalmente, na luta pela emancipação da colônia do jugo português, está no DNA de Mariana, a diocese dos "Padres da Inconfidência". Em *Arquidiocese de Mariana*, o cônego Raimundo Trindade enumera, por ordem de importância no movimento libertador, o cônego Luís Vieira da Silva, padre Manuel Rodrigues da Costa, padre José da Silva de Oliveira Rolim, padre José Lopes de Oliveira, padre Carlos Correia de Toledo e Melo – todos eles denunciados por Joaquim Silvério dos Reis e degredados para a prisão em Portugal.

Outros padres "implicados na Inconfidência", foram – segundo cônego Trindade, Martinho de Freitas Guimarães, que iludiu a polícia e não foi preso e era colega no seminário dos irmãos de Tiradentes – os padres Domingos da Silva Xavier e Antônio da Silva dos Santos; Silvestre Dias de Sá, preso e interrogado; Francisco Vidal de Barbosa Lage, também preso e interrogado, irmão do inconfidente Domingos Vidal de Barbosa.

O historiador marianense lista, de A a Z, 91 sacerdotes mineiros com atuação em câmaras legislativas, como deputados provinciais durante o império e na república. De um deles, o padre José Bento Leite Ferreira de Melo, natural de Campanha, escreve em *Arquidiocese de Mariana*: "político ardoroso, membro em 1821 da primeira junta do governo provisório de Minas", acabou preso em 1833 em Ouro Preto por ocasião da Sedição Militar. Era filiado ao partido liberal e foi assassinado em 1844, "na fazenda do Engenho de Serra, perto de Pouso Alegre".

Segundo Trindade, padre Ferreira de Melo "pertenceu ao grupo de padres políticos que, no dizer de Dom Frei José da Santíssima Trindade, foram colhidos nas malhas da demagogia".

Correr risco político, portanto, estava no sangue dos antecessores de padre Luciano Montenegro Castello e João Batista Lembi Ferreira. Enquanto isso no Seminário São José, padre Ildeu Pinto Coelho, rememora João Batista, introduzia os teólogos da Igreja Progressista, mais tarde conhecida como Teologia da Libertação, na grade curricular.

Diz ainda que Dom Oscar de Oliveira "parecia alheio a tudo. Sabia de tudo, não dizia nada". Ele era informado pelos cônegos do cabido arquidiocesano. "Havia em seu rosto um sinal qualquer de desaprovação". Os professores sentiam-se seguros porque "tudo o que se ia tentando era fundamentado em documentos do Concílio, o que deixava o arcebispo em uma posição nem um pouco cômoda".

Padre João Batista critica o Golpe Militar de 1964, que denomina de "Redentora ", em palestra no Colégio Estadual de Ouro Preto. Incensa, com fervor, o psicanalista mineiro radicado no Rio de janeiro, Hélio Pellegrino, cujos artigos "têm um travo de teológico instigante e intrigante, vazados na leitura singela dos Evangelhos, ressaltando a face humana de Deus, no Homem Cristo, com seu sorriso e lágrimas, com sua ira e júbilo". Destacou:

> Em seu último artigo, Hélio, tomado do espírito de Vieira, pergunta como Castro Alves: que silêncio, Deus, é esse que permite que 2/3 dos homens passem

fome? Como permitir que 20 por cento comam em seu prato 80 por cento da comida do mundo?

João Batista estava inquieto e confrontou o auditório, para delírio da estudantada, com uma provocação:

> Os jovens estão participando mais ativamente da liturgia, usam instrumentos musicais, letras de música popular, apesar da oposição e crítica feroz. Por que não podemos usar na missa a Banda de Chico Buarque?

Nesse clima estudantil, alguém imaginou em agosto que seria uma boa ideia abrir o Seminário Maior São José à cidade, integrando-o à comunidade, especialmente ao Colégio Providência, mantido pelas Irmãs Vicentinas. Fundado em 1849, um século após a fundação do seminário em 1750 pelo primeiro bispo Dom Frei Manuel da Cruz, o Colégio Providência surgiu por iniciativa do bispo Dom Antônio Viçoso para a educação das meninas mineiras.

Da janela do dormitório do Seminário Maior, avista-se o colégio das moças. Até hoje, alguns ex-alunos entusiasmam-se com as recordações juvenis, o coração desgovernado como uma jamanta carregada de carvão vegetal a caminho das usinas de gusa de Minas Gerais.

Era para durar sete dias o encontro das meninas e dos seminaristas, batizado de Semana da Arte, assim denominada em referência à Semana da Arte Moderna de 1922. No quinto dia, porém, por prudência e precaução, segundo João Batista, deu-se por encerrada a experiência que encheu de saias diferentes os salões e o pátio do Seminário Maior, até então frequentado apenas por batinas.

O arcebispo não deu seu *"nihil obstat"* à Semana da Arte. Francamente, Dom Oscar ficou "tiririca", no jargão da casa, com a iniciativa. Os seminaristas caíram em melancolia com a interrupção brusca daqueles dias de explosão afetiva. Os lazaristas perceberam os sinais de perplexidade instalados nas mentes da rapaziada. Foi submetida ao reitor a proposta de se realizar uma pesquisa com os alunos. Um questionário foi distribuído para ser respondido em letra de forma e sem identificação.

> Após a Semana da Arte, feita uma análise do questionário, o clima no corpo docente era sereno e otimista. Há muito, as discussões sobre a necessidade imperiosa e urgente de um "aggiornamento" (termo de João XXIII que ficou muito popularizado) era tema discutido em aulas, palestras e no recreio. Em 1966, a "atividade pastoral" dos rapazes já era ampla. Nos finais de semana, grande número era distribuído por paróquias de cidades vizinhas para a catequese e liturgia. O seminário ficava praticamente vazio. A Semana da Arte foi um desdobramento desta reflexão, um ensaio de aproximação do "sagrado com o profano".

> A ideia do inquérito foi minha. Era o "prefeito" dos estudantes, diariamente ouvindo-os, e convivendo todo o tempo com eles. A elaboração foi prevalentemente feita pelos padres Antônio Gomes Pereira, Ildeu Coelho e eu. Obedeceu ao critério de abarcar as aflições, queixas que bordejavam as conversas do dia a dia. Monsenhor Gabriel-Marie Garrone, prefeito da Sagrada Congregação dos Seminários, chamou severamente minha atenção, no Rio de Janeiro, censurando a "infeliz iniciativa, inconcebível em um Seminário".

João Batista anotou algumas questões:

> 1 - Como você vê a formação de seu caráter e personalidade no seminário?

2 - Analise a disciplina exigida pelo regimento interno.

3 - O currículo acadêmico lhe parece atender às necessidades pastorais de hoje?

4 - A exigência do celibato e sua prática que sentido fazem para você?

5 - A presença do seminário no coração da cidade segue as orientações do Concílio?

6 - Faça um comentário crítico sobre a Semana da Arte.

Duas semanas depois, fechava-se o bissecular Seminário Maior São José de Mariana. "A despedida, lembro-me, se fez em meio a abraços e um 'até breve!'". Mas, segundo João Batista, os boatos, os artigos em jornal, "jogo de intrigas" mudaram o rumo dos acontecimentos.

> Senti-me profundamente ingênuo, "naïve", triste, com um travo de fracasso. Tive transtorno do sono. Devolvi os livros e artigos sobre o Concílio à biblioteca e fui convidado, por telegrama, a fazer as malas e viajar (imediatamente) para o Rio. Tendo pais e irmãos em Belo Horizonte, sequer pernoitei na Capital.
>
> Os rapazes souberam do fechamento já em seus novos domicílios.

Passados alguns dias, o arcebispo Dom Oscar de Oliveira teve notícia de que um padre lazarista percorria o Sul de Minas, detendo-se principalmente na diocese de Pouso Alegre, onde estava se reunindo com ex-alunos de Mariana. Dom Oscar foi direto: "Só pode ser o João Batista, aquele descabeçado."

Não era João Batista. Era o padre Lauro Palú, que em julho de 1966 fora transferido para Petrópolis. Visitava antigos alunos apenas por saudade.

Capítulo 6

Carneiro e Vidigal

Os políticos mineiros costumam dizer que a campanha eleitoral para as urnas de outubro só começa após a parada de 7 de setembro. Em Mariana, os fatos deram razão à sabedoria mineira. A reunião de fechamento do seminário aconteceu na manhã de 8 de setembro de 1966. No dia seguinte os alunos tomaram rumo de casa.

Na versão oficial dos lazaristas, segundo narrativa de padre José Tobias Zico em seu livro sobre a Congregação da Missão no Brasil, a pesquisa registrou "alguns desabafos, mas muitas boas sugestões para uma reforma". Os professores lazaristas e seus auxiliares diocesanos, entre eles o cônego Pedro Terra, gozavam de "boa aceitação" e "apenas alguns alunos julgavam a diretoria não eficiente ao exigir do Sr. Arcebispo as mudanças que todos desejavam".

Na opinião do padre Tobias Zico, "o Sr. Arcebispo, zeloso e trabalhador, é que não era muito simpático aos alunos, sobretudo aos de outras dioceses, quer nas suas visitas, quer nas suas palestras".

O relatório com o resultado do inquérito, elaborado pelos padres, foi "bem aceito pelo Sr. Arcebispo, que dialogou com a diretoria sobre a reforma do seminário". Isso necessitava de "tempo, reflexão, mudança na disciplina, no currículo de estudos e mais trabalho pastoral".

A versão da arquidiocese ganhou foro oficial em duas publicações lançadas quase meio século mais tarde: *Dom Oscar de Oliveira: um apóstolo admirável*, de autoria do cônego José Geraldo Vidigal de Carvalho (Editora Folha de Viçosa, 2006); e *O báculo e a mitra de Dom Oscar de Oliveira: 11º Bispo e 3º Arcebispo de Mariana (1960–1988)*, escrito por monsenhor Flávio Carneiro Rodrigues (Gráfica e Editora Dom Viçoso, 2012).

Vidigal de Carvalho e Carneiro Rodrigues filiam-se à linhagem historiográfica de cônego Raimundo Octávio Trindade, que se notabilizou pela pesquisa histórica e a preservação da memória da arquidiocese de Mariana e de Minas Gerais. Obras inesquecíveis de Trindade, como *Breve notícia do Seminário de Mariana, Instituições de Igrejas no Bispado de Mariana* e *Arquidiocese de Mariana: subsídios para sua história*, atestam a qualidade do grande autor, que hoje dá nome a dezenas de escolas e de ruas em Minas Gerais.

Nas duas publicações sobre o fechamento do seminário, fica claro que o encontro dos lazaristas com Dom Oscar de Oliveira não foi amistoso, segundo o registro de monsenhor Flávio Carneiro Rodrigues.

"Os senhores estão simplesmente colhendo daquilo que semearam". O arcebispo fez a declaração em 2 de setembro de 1966, quando a diretoria e os professores, depois de um conselho, "subiram até o Sr. Arcebispo a quem foram comunicar a inviabilidade de prosseguirem com o seminário aberto, por falta de piedade, disciplina, obediência, desinteresse por estudos sérios, franca oposição de alguns ao celibato e insubmissão ao decreto pontifício Optatam Totius".

Este documento conciliar tinha sido tema de 21 artigos de Dom Oscar, publicados a partir de 20 de fevereiro de 1966 no jornal *O Arquidiocesano*, escreve o cônego José Geraldo Vidigal de Carvalho, repisando informações também veiculadas na imprensa de Belo Horizonte após o fechamento.

O arcebispo fundamentava-se principalmente em texto publicado na revista *Civiltà Cattolica,* em janeiro de 1966, pelo jesuíta italiano padre Paolo Dezza, antigo reitor da Pontifícia Universidade Gregoriana em Roma e anos mais tarde nomeado interventor na Companhia de Jesus pelo Papa João Paulo II.

Segundo o cônego, Dom Oscar "teceu profundas considerações sobre a reestruturação dos estudos eclesiásticos, inicialmente focalizando a fase preparatória". O arcebispo destacou a importância do seminário menor: "quer nosso concílio que os alunos sejam ornados de adequada formação humanística e científica ".

Sobre os seminários maiores, ele "salientou que toda a formação deveria estar coerentemente adaptada ao fim pastoral", e ainda citou palavras do pontífice da época, o Papa Paulo VI: "O seminário não é uma pensão, é uma comunidade com sua fisionomia própria, a sua nobreza, a sua história ". Daí concluir no jornal da arquidiocese que "a disciplina e a ordem são o apanágio do progresso da comunidade e de cada indivíduo".

Em seus vários artigos, publicados ao longo do primeiro semestre de 1966, Dom Oscar martelou temas estruturais, como "o profundo amor à Igreja no qual o aluno do seminário deve ser formado", o celibato clerical, a reestruturação dos estudos filosóficos e teológicos e a "formação estritamente pastoral dos futuros sacerdotes".

Escreve o cônego José Geraldo Vidigal de Carvalho:

> Deste modo não só os corpos docente e discente dos seminários foram instruídos sobre a atualização desejada pelo Concílio, mas todos os fiéis tomaram conhecimento do quanto o arcebispo desejava que as novas normas conciliares fossem logo retamente aplicadas.
>
> Apesar das sábias orientações do Pastor, houve interpretação equivocada do Vaticano II, que a Sagrada

Congregação para a Defesa da Fé chamaria de opiniões peregrinas e audazes, as quais provocaram grande desorientação.

Tobias Zico, Vidigal de Carvalho e Flávio Carneiro culpam a imprensa de Belo Horizonte, notadamente o jornal católico *O Diário,* pela divulgação sensacionalista do fechamento do seminário de Mariana. Uma injustiça.

Segundo padre Tobias Zico, chamou a atenção dos repórteres, "sequiosos de novidades", um grupo de filósofos e teólogos que, assentados sobre suas malas na rodoviária de Belo Horizonte, cantavam e tocavam violão. Eles deram entrevistas sobre a situação do seminário, o que aborreceu o arcebispo.

O que era para ser um encerramento antecipado do ano letivo, segundo monsenhor Flávio Carneiro, "foi maldosamente explorado pela imprensa sensacionalista que, de modo inescrupuloso, veiculou informações caluniosas, denegrindo o conceito da Arquidiocese e o nome de seu Arcebispo". E prossegue: "Neste reprovável desserviço, distinguiu-se o jornal de Belo Horizonte 'O DIÁRIO', que antes chegou a ser conhecido como católico".

O cônego Vidigal de Carvalho também mete a espora no jornal mantido pela arquidiocese de Belo Horizonte e onde o padre Paulo Fernandes mantinha a coluna "Documentação Católica".

É possível verificar na hemeroteca da Biblioteca Pública Estadual Luiz de Bessa, construída com projeto de Oscar Niemeyer pelo governador Juscelino Kubitschek na Praça da Liberdade, o profissionalismo do jornal *O Diário.* Ali se mantém a coleção de jornais daqueles dias agitados na Igreja e na sociedade mineira.

Em nota de apenas duas colunas, o jornal noticia em 10 de setembro, sem alarde, que "Seminário maior (de Mariana) fecha as portas". A explicação: "diante das crescentes dificuldades com que deparam os professores para equilibrar a impaciência da juventude e a lentidão com que evoluem as instituições, os diretores e professores do Seminário maior São José, com aprovação do arcebispo de Mariana, Dom Oscar de Oliveira, decidiram suspender as aulas e fechar o estabelecimento, até que se esclareça a situação".

O matutino católico informa, com sobriedade, que o seminário, um dos mais antigos do país e com 115 seminaristas de várias dioceses, foi fechado pelo reitor padre José Pires de Almeida, CM, após ouvir os professores e de dar conhecimento das deliberações ao arcebispo.

O jornal publica nota oficial, assinada pelo reitor, e analisa os dias pós-Concílio, marcados por mudanças de mentalidade e pela impaciência dos jovens, criando dificuldades para os educadores. O texto, que cita os documentos pontifícios *Gaudium et Spes* e *Optatam Totius*, esclarece a decisão de encerrar antecipadamente, com a aprovação de Dom Oscar de Oliveira, os trabalhos do ano escolar, "para que com mais vagar, possam ser estudadas as diretrizes da nova etapa que o venerando estabelecimento deverá enfrentar".

No dia 11, o jornal volta ao assunto, agora, com uma manchete, ilustrada com foto do prédio do seminário. É uma bela suíte, com o título de "Seminário de Mariana: 216 anos de tradição". A matéria conta as origens do estabelecimento, a chegada dos padres lazaristas nos dias de Dom Viçoso, sua posse em 1853, a construção do novo prédio por Dom Helvécio Gomes de Oliveira em 1934.

Informa ser difícil contar o número exato de sacerdotes formados pelo seminário de Mariana, que deu mais de 20 bispos à Igreja do Brasil e onde estudaram o inconfidente mineiro cônego Luiz Vieira da Silva e o cardeal Carlos Carmelo de Vasconcelos Motta.

Na retranca intitulada "O fechamento", o jornal afirma que a notícia causou grande espanto. O repórter, cuidadoso, diz que procurou muitas fontes para descobrir as causas dessa resolução e chegou à conclusão que aquela "não é uma crise de Mariana, do Brasil; é do mundo inteiro". Porque, justifica, os seminários de hoje ainda obedecem a uma estrutura antiga, baseada no Concílio de Trento, e que não é a recomendada para os nossos dias.

O jornal alude a experiências realizadas em alguns seminários, observando, no entanto, que isso não alterou o quadro de diminuição de alunos ordenados enquanto aumentava o número de padres que deixavam a batina. Em Mariana, os professores lazaristas procuraram enfrentar os problemas, através de "inquéritos" feitos entre os seminaristas.

O celibato eclesiástico foi um dos itens pesquisados na turma e, segundo o jornal, "94 por cento foram contra o celibato". Daí a pergunta que afligia os responsáveis pelo educandário: "é humano ordenar padre um seminarista que ainda tem a sua angústia contra o celibato?".

João Batista Lembi Ferreira reconhece que os jornais exageraram. Com o neto no colo, que perturba a digitação no computador, informou em e-mail de agosto de 2015:

> 94% contra o celibato, como os jornais publicaram, reflete "exagero de guerra". No entanto, somadas as opiniões radicalmente contra com as que defendiam o celibato opcional (grande maioria), o número foi surpreendentemente alto, próximo ao que os jornais noticiaram. Não se fez, no entanto, uma análise estatística.

O psicanalista socorre os historiadores de Mariana:

> Fechamento não foi o termo da comunicação do dia 8 de setembro. Longe disso! Chegou depois, logo depois.

Ficou, pois a mudança de atmosfera foi abrupta. A alegria durou pouco, cedendo ao advento de um clima sombrio. No meu modestíssimo ponto de vista, injusto, sem julgamento das motivações do Exmo. Sr. Arcebispo, "dono" do Seminário.

Lembro-me, sim, da comunicação oficial do padre Almeida aos filósofos e teólogos sobre a suspensão das aulas. Padre Almeida chegou a brincar que os seminaristas teriam suas férias antecipadas. Não perderiam (academicamente falando) o semestre. Pedia que estudassem, nesse meio tempo, em suas paróquias, dioceses e residências. Manter-se-ia o contato, durante o período em que o Seminário Maior faria sua reflexão e reforma. Dom Oscar de Oliveira sabia da proposta e a ouviu sem opor-se a ela. Optou pelo silêncio.

Uma das hipóteses estudadas seria a de diminuir a "população" do Maior, reservando-o para a Teologia, a Filosofia sendo cursada em Faculdades de Filosofia.

O Diário não teve acesso ao resultado do questionário levado à apreciação do arcebispo Dom Oscar de Oliveira, do Núncio Apostólico, Dom Sebastião Baggio; do Visitador Apostólico e bispo de Campanha, Dom Othon Motta e do Visitador lazarista, padre Demerval José Mont'Alvão.

Não há notícia de que o relatório final tenha levantado a questão da homossexualidade na casa, embora pipocassem casos do gênero, acobertados ou tolerados, segundo a rádio peão.

A rejeição do regime de internato em Mariana bateu em 95 por cento e chegou a 97 por cento o repúdio ao ambiente, "qualificado de angústia, insatisfação, de pasmaceira". Os percentuais variavam de 76 por cento, quanto à "impermeabilidade à formação recebida por causa de estudos desatualizados, a 80 por cento por causa da estrutura anacrônica". Subia a mais de 90 por cento a oposição à mentalidade do Sr. Arcebispo".

As críticas à mentalidade barroca do arcebispo foi o que mais doeu nele. Um dos professores conta que um seminarista, em resposta ao inquérito, definiu Dom Oscar como "bolo de noiva, muito enfeitado e de muita pompa, mas sem conteúdo". Na verdade, suas pregações nunca davam ibope. Depois do Concílio, elas degringolaram mais ainda. "Quando voltou de Roma, Dom Oscar passou a acreditar que não precisava preparar suas prédicas porque o Espírito Santo falava pela boca dos bispos. Ninguém aguentava".

Outro padre da época conta que o arcebispo era motivo de chacota entre os seminaristas e alguns padres. Tratavam-no por "o poeta de Nossa Senhora", referindo-se aos versos, muitos em latim, e, segundo a oposição, de qualidade literária duvidosa, publicados no jornal *O Arquidiocesano*.

O cônego Vidigal de Carvalho discorda:

> Doutor em Direito Canônico, teólogo consumado, filósofo profundo, historiador abalizado, literato exímio, escritor primoroso, tribuno aplaudido, poeta de fina sensibilidade, Dom Oscar era um humanista no pleno sentido do termo.

Entre os livros de autoria de Dom Oscar, cita *Os dízimos eclesiásticos nos períodos da Colônia e do Império*, que foi sua tese de doutorado na Pontifícia Universidade Gregoriana, aprovada no grau máximo, *summa cum laude*. Outro livro do arcebispo, editado em 1951 pela Cooperativa do Livro, para uso dos seminaristas de Mariana, intitula-se *De Delictis et Poenis*. "Trata-se de um luminoso estudo sobre o Livro V do Código de Direito Canônico", com 556 páginas.

No prefácio, registra cônego Vidigal de Carvalho, o diretor da Cooperativa do Livro e lazarista padre José Dias Avelar, assegura: "O livro, que ora vem à luz, é o fruto de 12 anos de estudos e de aulas conscienciosamente preparadas para o nosso seminário de Mariana".

Deixado de lado nos dias conciliares, o trabalho de Dom Oscar foi reintroduzido na grade escolar após o fechamento e a reabertura do seminário. Mas, "*sottovoce*", ria-se muito do sentido profano das penas canônicas, retirando-se a letra "o" da palavra latina "*poenis* ".

O psicanalista, amadurecido e amigo da verdade, bate no peito e confessa, cinco décadas depois:

> É duro, mas é verdade. Dom Oscar de Oliveira, honrado e sério, digno em seu papel de Arcebispo, não gozava de simpatia da grande maioria dos filósofos e teólogos. Ele tinha seu grupinho dileto, "zelosos informantes" de tudo o que acontecia no Seminário, "pensamentos palavras e obras", como se brincava.
>
> Havia muita irreverência para com o Poeta de Nossa Senhora, "O habitante da colina", "Doctor Canonicus". Confesso, fazendo mea culpa, que nós padres compactuávamos com essa falta de respeito ao Pastor, o responsável, em última instância, pela Casa de Formação. Embora morasse atrás do São José, pouquíssimo lá comparecia.
>
> Dom Oscar, obviamente, fazia suas críticas, chamava com frequência a Palácio o Padre José Pires de Almeida, reclamando da disciplina, do não uso do paletó por parte dos alunos, das saídas dos meninos para a cidade e paróquias adjacentes.
>
> Quando da Semana da Arte, aprovou sua realização, para amaldiçoá-la depois. Concordou com as linhas gerais da reforma, para denunciá-la, após, à Sagrada Congregação dos Seminários, em Roma. Naqueles dias, Dom Oscar de Oliveira era desgosto só. Não quis conversar.

Num gesto de elegância, o reitor padre Almeida viajou a Petrópolis. Lá deu a conhecer ao ex-prefeito de disciplina, padre Lauro Palú, a decisão radical de reformar o seminário, com o pleno consentimento de Dom Oscar de Oliveira.

Em vez de abrigar 140 alunos, o seminário reabriria, no início de 1967, com apenas 40 teólogos, que teriam acompanhamento psicológico, médico e terapêutico para ajudá-los em sua formação humana além da espiritual.

Quando a notícia do fechamento vazou, "Dom Oscar apavorou", na interpretação do padre Palú. O arcebispo mandou o chanceler da Cúria, monsenhor João Denis Valle, divulgar nota oficial esclarecendo os fatos. *O Diário* publicou-a, acrescentando no final uma nota da redação que dá ideia de como o clero de Mariana se enfureceu com a cobertura da imprensa: a matéria sobre o fechamento do Seminário Maior São José "não foi da lavra do padre Paulo Fernandes".

A nota assinada por monsenhor Denis Valle faz menção ao interesse de Dom Oscar na aplicação correta dos decretos conciliares, dos seus 21 artigos veiculados no jornal *O Arquidiocesano* e, em resumo, que as aulas foram encerradas mais cedo porque, conforme comunicação dos lazaristas, "vários de seus alunos estavam desinteressados por assuntos sérios e também em desacordo com o decreto conciliar Optatam Totius".

Assegura por fim, que por decisão do Arcebispo o Seminário Maior estará reaberto, no próximo ano, "para aqueles que sinceramente desejarem ser sacerdotes, segundo o Coração de Deus, pondo em prática os verdadeiros ensinamentos e orientação da Santa Igreja, a fim de que o Seminário de Mariana, que goza de louvável tradição, possa continuar a dar à Santa Igreja dignos sacerdotes". Já o Seminário Menor, também dirigido pelos lazaristas, finaliza o Chanceler da Cúria, "prossegue normalmente seu ano letivo, a encerrar-se no dia 9 de dezembro".

O decreto *Optatam Totius*, promulgado pelo Papa Paulo VI em 28 de outubro de 1965, servia de estribo para conservadores e progressistas. Cada lado o citava, segundo as próprias conveniências. Aqueles engajados em movimentos sociais se viam autorizados a prosseguir com base no texto:

> Convençam-se os estudantes uma vez por todas que não é ao poder e as honras que eles se destinam, mas que se abandonam totalmente ao serviço de Deus e ao ministério pastoral.
>
> [...] uma vez que a formação doutrinária não deve visar a mera transmissão de conceitos, mas a verdadeira e profunda formação dos educandos, reformulem-se os métodos didáticos, tanto com relação as preleções, aos colóquios e aos exercícios, como também no que se refere ao incentivo do estudo dos alunos, quer em particular, quer em equipes.
>
> [...] Cuide-se com empenho da unidade e solidez de toda a formação, evitando a demasiada multiplicação de disciplinas e preleções e omitindo as questões que são de pouca monta, ou que devem ser relegadas para os estudos acadêmicos mais adiantados.
>
> [...] Cuidem os Bispos que os jovens dotados de caráter, virtude e inteligência sejam enviados aos institutos especiais, às Faculdades ou Universidades para se instruírem por um método mais científico nas ciências sagradas e também em outras que pareçam oportunas, e se formarem assim sacerdotes capazes de satisfazer as diversas necessidades do apostolado. Sua formação espiritual e pastoral, no entanto, de modo algum poderá ser negligenciada, sobretudo se ainda não são sacerdotes.

Os seminaristas sentiam-se autorizados a prosseguir em suas atividades pastorais quando deixavam o velho casarão para jornadas dominicais nas paróquias:

> Já que estudantes devem aprender não apenas teórica, mas também praticamente a arte de exercer o apostolado e de agir, com responsabilidade própria e em trabalho de equipe, sejam iniciados na prática pastoral já durante o currículo dos estudos e também durante as férias, com oportunos exercícios.

Os conservadores calcavam, contudo, as palavras complementares do documento, assinado pelo Papa e pelos bispos conciliares:

> Estes, porém, devem ser feitos de acordo com a idade dos alunos e as condições do lugar, a critério prudente dos Bispos, metodicamente e sob a direção de peritos nos assuntos pastorais, tendo sempre em mente a força preponderante dos auxílios sobrenaturais.

Na defesa de suas posições, preferiam destacar outros trechos, como as advertências e as recomendações:

> Os estudantes que, de acordo com as santas e sólidas leis do próprio rito, seguem a venerável tradição do celibato sacerdotal, recebam com diligente solicitude a educação para este estado.
>
> [...] Sintam profundamente com que sentimento de gratidão devem abraçar este estado, não apenas como preceito de uma lei eclesiástica, mas como um precioso dom de Deus que se deve impetrar humildemente. Disponham-se com presteza a corresponder a ele, livre e generosamente, estimulados e auxiliados pela graça do Espírito Santo.

[...] sejam advertidos dos perigos que, particularmente, na sociedade atual, ameaçam sua castidade.

[...] Considere-se a disciplina da vida do Seminário não apenas como vigoroso baluarte da vida comunitária e da caridade, mas como parte indispensável da formação, para conseguir o autodomínio, promover sólida madureza da pessoa e formar as demais disposições do espírito que ajudam decididamente no ordenado e frutuoso trabalho da Igreja.

A discussão de temas delicados pela imprensa, segundo padre Tobias Zico, contribuiu para estremecer as relações de Dom Oscar com os padres lazaristas. Acabara a confiança entre as partes. Dom Silvério Gomes Pimenta, antecessor de Dom Oscar, já estabelecera em carta ao novo reitor do seminário, padre Afonso Maria de Liguori Germe, em termos claros e francos, como deve ser a relação entre o reitor e o bispo de Mariana.

A carta, transcrita integralmente pelo cônego Raimundo Trindade em *Arquidiocese de Mariana* (1953, p. 416), foi enviada em 22 de agosto de 1902, quando Dom Silvério se encontrava em visita pastoral a Mercês do Pomba, a atual Mercês, na Zona da Mata mineira. Ele conta que soubera da nomeação do padre Afonso Germe e apressava-se a manifestar sua satisfação.

Fico muito contente com essa nomeação dirigida pelo Espírito Santo; espero que encontrarei em V.R. não só um Reitor do Seminário, mas também um amigo pessoal do Bispo, que o ajude com suas luzes e com uma cooperação franca na reformação da diocese.

De todos os cargos da diocese, excetuando-se o de Vigário Geral, nenhum há tão espinhoso, tão melindroso, tão cheio de responsabilidades e consequências, como o de Reitor do Seminário, a quem estão confiados os destinos da diocese pela formação do Clero. Por isso deve ser inteira a união entre o Reitor e o Bispo; deve reinar entre eles não só a paz cristã, mas perfeita e cordial harmonia.

Dom Silvério pondera ainda que "se os alunos não digo descobrirem, mas, sequer, suspeitarem desinteligência entre o Reitor e o seu Bispo, perde-se em grande parte a obra fundamental da formação do clero".

O bispo é claro: "o ponto a que desejo chegar com esta lembrança é a franqueza que deve V.R. usar comigo dizendo-me as coisas que julgar acertadas e convenientes, ainda que lhe pareça que não me agradam".

Embora monsenhor Pedro Terra Filho não soubesse, o arcebispo escreveu ao provincial padre Demerval José Mont'Alvão, em 10 de novembro, "requerendo a substituição de alguns sacerdotes, julgada conveniente, e lembrando o direito de examinar os novos apresentados e recusá-los, se fosse o caso".

O provincial não admitiu a ingerência do arcebispo em assuntos internos da congregação. Em resposta à desconfiança do arcebispo, o Conselho Provincial entregou os dois seminários, o maior e o menor.

A reação lazarista surpreendeu o arcebispo, que queria conservar a congregação pelo menos no Seminário Menor. Em 6 de janeiro de 1967, o reitor do Seminário Menor, padre Tobias Zico, e o ecônomo do Maior, padre Domingos Oliver de Faria, compareceram a palácio para as despedidas e entrega dos livros de contas ao arcebispo.

Conta padre Zico que Dom Oscar não quis receber os livros, alegando confiar nas contas e na dedicação dos lazaristas. Mandou entregá-los ao cônego Nelson Quinteiro.

Capítulo 7
Maurílio

Maurílio Camêllo diz que sabe pouco sobre a saída dos lazaristas dos dois seminários de Mariana. "Não foi coisa que em detalhe tivesse sido repassada para nós, padres que trabalhávamos no Caraça. Se houve algum fato secreto que levou o arcebispo a romper um contrato que já durava mais de cem anos, não fiquei sabendo".

O ex-lazarista Maurílio José de Oliveira Camêllo, mestre em Filosofia e doutor em História Social pela Universidade de São Paulo, a USP, sabe muito da Igreja no Brasil e da cidade em que nasceu.

> Nasci em Mariana, em dezembro de 1939. Portanto, a Segunda Guerra durou até meus cinco anos, e nunca ouvi falar dela. Ela não chegou até Mariana! Como a cidade era muito pequena, tudo estava perto de tudo, e o Seminário Menor não estava longe. Ainda muito criança, aprendia o latim da missa, pois ficava perto dos irmãos mais velhos, esses, sim, que aprendiam por obrigação, para serem coroinhas.

> O velho tio Sô Tunico admirou-se que antes que os outros aprendessem, eu já sabia (Sacerdote: "*Introibo ad altare Dei*". R: "*Ad Deum qui laetificat juventutem meam!*"). Fui coroinha muito cedo. Por aquela época,

era pároco da catedral o Cônego Oscar de Oliveira, mais tarde arcebispo de Mariana, e sempre muito amigo meu e da minha família. De tão pequeno, às vezes, não aguentando o peso do missal, tropeçava e caía com ele"!

No quarto ano do Seminário Menor Nossa Senhora da Boa Morte, onde ingressara, "veio a ideia de ser padre lazarista. A essa altura (o segundo semestre de 2015), não me lembro mais dos motivos. Mas admirava os professores, que eram lazaristas, e com eles podia estudar mais e ser missionário". Então, ele trocou Mariana pelo Caraça, onde concluiu as humanidades.

Estudei no Seminário São Vicente de Paulo, em Petrópolis, começando pelo Noviciado (2 anos), depois Filosofia (3 anos, embora a Filosofia tenha começado no segundo ano do Noviciado, com duração, pois, de 3 anos), e a Teologia (4 anos). Foram, pois, 8 anos, de uma vida reclusa, sem férias em família. Os padres professores aplicavam-se em métodos sérios, com uma notável disciplina de estudos. Invejávamos um pouco os estudos dos Freis Franciscanos, que podiam contar com excelente biblioteca, grandes e famosos professores (Frei Boaventura Kloppenburg, Frei Evaristo Arns) e uma boa mesa.

Houve quem fez caminho inverso, como padre Lage e o grupo liderado por frei Carlos Josaphat. Os lazaristas eram considerados conservadores e os dominicanos progressistas?

Tal qualificação só conheci mais tarde, talvez em Petrópolis. Os padres mencionados tinham, sim, fama de intelectuais e progressistas. Os lazaristas não eram seguramente de vanguarda, mas em geral não sei se pudessem ser tidos como conservadores. No ensino em Petrópolis, não saiam dos programas e dos manuais, tanto em Filosofia quanto em Teologia. Também não estimulavam os alunos a "novidades". Caminhávamos pelos caminhos batidos da ortodoxia, blindada pelo método escolástico, ainda em voga em muitos seminários.

Maurílio foi ordenado padre no Caraça em 27 de setembro de 1964. Ali permaneceu como professor até 1967, quando a congregação reconheceu seu talento e o enviou a Roma. Voltou licenciado em História do Cristianismo pela Pontifícia Universidade Gregoriana. Em 1966, isolado na ermida do Caraça de Irmão Lourenço, ele tentava enxergar o que acontecia do outro lado da carapuça serrana, naquele seminário aos pés da Cartuxa de Dom Viçoso e que ele conhecia desde menino.

Se houve algum fato "secreto" que levou o Arcebispo a romper um contrato que já durava há mais de cem anos, não fiquei sabendo. O que se sabia é que ele não concordava com os rumos que os Diretores, dizia-se, queriam imprimir no perfil de formação no Seminário. Fora proposto por ele que a Congregação permanecesse dirigindo o seminário menor, o que não foi aceito de modo algum pelo Provincial e seu Conselho. Recordo-me que ajudei ao padre Tobias no arranjo dos papéis e documentos do seminário menor, para remeter para o Rio o que era da Congregação e entregar ao futuro Reitor o que era da diocese. O padre Tobias, se sabia (e devia saber) a verdade dos acontecimentos, nada me confidenciou, nem naquela época, nem depois. Quem poderia esclarecer um pouco mais seria o padre Lauro, e o padre

Venuto, que trabalhavam então em Mariana, no Maior e no Menor respectivamente. Tenho dúvidas de que queiram remexer nessas águas passadas, aliás bem dolorosas na época.

Dele, conta padre Tobias Zico: "em 1971 lecionou no Seminário de Aparecida, em São Paulo. Autor de *Caraça: Centro Mineiro da Educação e Missão* e do *Processo de beatificação de Dom Antônio Ferreira Viçoso*, deixou a Congregação da Missão e secularizou-se".

Na USP, obtém o doutorado com a tese intitulada *Dom Antônio Ferreira Viçoso e a reforma do clero em Minas Gerais no século XIX*. Ao final de sua exposição, a banca ordenou que o público assistente se pusesse de pé para ouvir o resultado: dez com louvor. Trata-se de importante contribuição ao estudo sobre o trabalho desenvolvido por Dom Viçoso para moralizar o clero mineiro. Sobre a obra, "que ainda não foi impressa, nem revisada para facilitar a leitura por um público não acadêmico", explica:

> É difícil resumir, mas a documentação a respeito é bastante farta, pois pelas Cartas e Pastorais de Dom Viçoso, seu projeto de reforma, relatos de visitas etc. lançam uma boa luz sobre os fatos, a época, e o perfil do clero. No geral, vivendo em grande penúria, o clero dava razoável conta de suas tarefas pastorais. Não era, salvo algumas poucas exceções, um clero ilustrado, o formado no seminário de Dom Frei da Santíssima Trindade, e depois de Dom Viçoso.
>
> Dom Viçoso gastou grande parte de suas energias para incrementar o zelo pastoral de seus padres, sua piedade e, com bastante ênfase, o compromisso com o celibato. Quando assumiu a diocese, tinha a esse respeito, um terço do clero "casado", com família e filhos. Conseguiu diminuir, mas não acabar com

o costume. Seu sucesso, portanto, não foi total. Foi um episcopado de 30 anos, que levou a uma apreciável reforma de costumes. Outros bispos saíram do Seminário de Mariana, para dioceses diversas, dentro e fora da Província de Minas e promoveram a reforma, que alguns teimam de chamar de ultramontana.

Sempre gostou do latim? Como foi sua atuação no processo de Dom Viçoso junto ao Vaticano?

No Seminário de Mariana, depois em Petrópolis, o latim era a segunda língua. Em Petrópolis, tínhamos ainda o francês. Pessoalmente, sempre gostei e precisei do latim (muitas aulas eram dadas em latim, o que continuou depois, em Roma, na Gregoriana). Hoje, tenho traduzido para o português textos medievais, sobretudo de Santo Tomás de Aquino, alguns já publicados pela Editora Loyola, e um, pela Universidade Federal de Uberlândia.

Quanto ao Processo de Dom Viçoso, fui convidado a escrever a *Positio super virtutibus et fama sanctitatis*, uma peça integrante do processo, onde, além de uma biografia documentada, se faz um arrazoado sobre a prática das virtudes em grau heroico, e uma síntese do processo anterior, intentado por Dom Silvério. Tudo totalizou um livro de cerca de 800 páginas, fruto de dois anos de pesquisa, a que se deve somar outro tanto ou mais, empregados a escrever e defender a tese de doutorado (*Dom Viçoso e a reforma do clero em Minas Gerais no século XIX*). Fiquei conhecendo bastante bem a Dom Viçoso, de cuja santidade excepcional estou plenamente convencido.

A *Positio* foi entregue em Roma à Congregação para a causa dos Santos, em dia memorável (14 de março de 1997), quando fui acompanhado por Dom Luciano Mendes de Almeida. Meu trabalho foi examinado por uma comissão de historiadores e seu parecer favorável foi dado em sessao solene, a 23 de abril de 2002. Parte dessa demora se deveu ao fato de que todo o texto precisou ser traduzido para o italiano, tarefa realizada com perfeição pelo Padre Lauro Palú, C. M.

Membro da Casa Alphonsus de Guimaraens – a Academia Marianense de Letras presidida por seu irmão e também ex-seminarista de Mariana Roque Camêllo –, Maurílio é, atualmente, professor de Filosofia Antiga e Medieval na Faculdade Dehoniana, de Taubaté, em São Paulo. "Desse modo, não parei com o ensino, tarefa que me renova cada dia, cada aula" – conta o professor e ex-chefe de departamento da UFMG, aposentado em 1991. Ele foi também professor (Assistente Doutor) da Universidade de Taubaté e diretor do Instituto de Humanidades, de onde saiu em 2009 por ter completado 70 anos de idade.

Capítulo 8
Zico

A década de 1960 foi um coice no fígado dos lazaristas brasileiros. Em 1963, a Congregação da Missão deixou o Seminário da Prainha, em Fortaleza, no Ceará, onde Dom Helder Câmara e o cardeal Dom Eugênio de Araújo Sales estudaram. Os lazaristas completariam no ano seguinte um século de direção do seminário e se viram forçados a entregá-lo ao arcebispo Dom José Medeiros Delgado porque os alunos se rebelaram contra a exclusão de um seminarista maior, *por motivo grave*. A Província Brasileira da Congregação da Missão recolheu os 14 padres ali alocados, acusados de autoritarismo e apego ao Concílio de Trento. É o que mostra o historiador padre Tobias Zico.

O ano de 1964 registrou o afastamento traumático dos lazaristas dos Seminários Menor e Maior de Diamantina, após desentendimentos com o arcebispo Dom Geraldo de Proença Sigaud. Ponta-direita da esquadra ultraconservadora da Igreja no Brasil, Dom Sigaud vinha pisando no calo dos lazaristas desde 1961, quando, durante uma ordenação sacerdotal alertou os seminaristas sobre os perigos da Teologia Francesa.

Segundo o cuidadoso padre Tobias Zico, o arcebispo de Diamantina constrangeu desse modo dois professores lazaristas do seminário que haviam estudado na França, formando-se em Teologia e Sagrada Escritura. Além disso, "atacou veementemente os dois teólogos suspeitos de heresia Congar e De Lubac, bem como o maritainismo".

O ambiente já não cheirava bem porque o arcebispo vinha recrutando para Diamantina alunos dos seminários de Campos (RJ), de Bragança Paulista (SP) e de Jacarezinho (PR), "todos naturalmente devotos da TFP e que deveriam trabalhar como fermento na massa".

Diz padre Tobias que, certa vez, Dom Sigaud convocou à sua presença o reitor e lhe manifestou sua contrariedade pelos obstáculos criados para a circulação interna do jornal *Catolicismo*, fundado em 1951 pelo bispo de Campos Dom Antônio de Castro Mayer e onde Plínio Correia de Oliveira se entrincheirava na luta anticomunista.

"Saiba, padre reitor, que Catolicismo expressa bem o meu pensamento e deve ser a cartilha de todo o seminário de Diamantina". O arcebispo via o comunismo como obra do demônio. Literalmente. Em seu livro *Catecismo anticomunista* (1963, p. 3, 4, 10), elaborado didaticamente em forma de pergunta e resposta, diz o seguinte sobre o regime comunista, em quesitos numerados:

> *13. Para conquistar o poder, que faz a seita comunista com referência à Igreja Católica?*
> Para conquistar o poder, a seita comunista procede da seguinte maneira com relação à Igreja Católica:
> a) Procura persuadir os católicos de que não há oposição entre os objetivos da seita e a doutrina da Igreja. Procura até apresentar as ideias comunistas como a realização da doutrina do Evangelho.
> b) Procura criar uma corrente intitulada de "católicos progressistas", "católicos socialistas" ou "católicos comunistas", para desorientar e desunir os católicos.
> c) Procura atirar as organizações católicas contra os outros adversários naturais do comunismo, como os

proprietários, os militares, as autoridades constituídas, para dividir e destruir os que se opõem à conquista do poder pelo Partido Comunista.

d) Favorece as modas e costumes imorais para minar a família e portanto a civilização cristã da qual a família é viga mestra.

e) Mantém nas nações cristãs a sociedade em constante agitação, fomentando antagonismo entre as classes, as regiões do mesmo país, etc.

14. Depois de conquistado o poder, que faz a seita comunista com a Igreja Católica?

Sua tática com a Igreja Católica, depois de conquistado o poder, varia de acordo com as circunstâncias. Mas os passos da luta em geral são os seguintes:

a) envolver os católicos nos movimentos promovidos pelo Partido Comunista;

b) afastar os Bispos, Sacerdotes e Religiosos que resistem; se preciso, matá-los;

c) liquidar os líderes católicos;

d) separar a Igreja do país, da obediência ao Santo Padre.

58. Quem inventou este regime?

Quem inventou este regime foi Satanás, que sabe que o melhor meio de levar os homens à perdição eterna é fazê-los rebelarem-se contra a ordem constituída por Deus.

59. Como que Satanás consegue adeptos para este regime?

Prometendo aos homens o paraíso na terra se eles renunciarem a Deus e ao Céu, Satanás consegue enganá-los como o fez a nossos primeiros pais, e o resultado é o inferno na terra e na eternidade.

Seminaristas que trocaram Diamantina por Belo Horizonte, por discordarem da orientação de Dom Sigaud, não se esquecem da invasão do seminário por policiais. Os lazaristas também não. Segundo padre Tobias, o fato ocorreu após o Golpe Militar de 1964. Seis policiais tomaram parte da invasão.

Por ordem de Dom Sigaud, os policiais, liderados pelo monsenhor João Tavares de Souza, vasculharam os dormitórios, quartos e escrivaninhas dos seminaristas, num episódio sem precedentes na história da Igreja. Eles procuravam documentos, livros e cartas de comunistas. A devassa originou de informação de que uma carta do padre Francisco Lage chegara ao seminário.

O procurador aposentado da Assembleia Legislativa de Minas Gerais, Djalma Martins, natural de Salinas, estava no seminário de Diamantina em 1964. Pertencia à diocese de Montes Claros, contava apenas 18 anos de idade, matriculado no primeiro ano de Filosofia. Ele revelou, em setembro de 2015, que o arcebispo Dom Geraldo Proença Sigaud ficou possesso quando soube que seus seminaristas haviam hostilizado os soldados do batalhão da Polícia Militar, em seu retorno triunfal à cidade após participarem da quartelada militar.

> Dom Sigaud ordenara que os seminaristas fossem recepcionar a tropa do Batalhão de Diamantina, após a vitória no golpe de 1964. Organizaram uma grande festa na Praça da Estação, onde se localiza o seminário. A turma do Seminário Maior recebeu os militares com vaias. Alguns rasgaram batinas e penduraram panos pretos nas janelas, em sinal de luto.

Dom Sigaud reagiu com rigor. Convocou os seminaristas maiores – uns trinta, entre alunos de Filosofia e Teologia – ao Palácio Arquiepiscopal. No salão nobre, o arcebispo apresentou-se paramentado de pluvial, mitra e báculo, insígnias de sua autoridade.

"Fez um discurso irritado nos chamando de comunistas, baderneiros, esquerdistas, impatriotas e expulsou um por um todos os seminaristas maiores, com exceção da turma da diocese de Campos, uns seis estudantes, todos mais velhos de idade, que sequer foram chamados à reunião" – recorda Djalma Martins.

Em suas lembranças de Diamantina, Djalma não se esquece dos compêndios de Filosofia de autoria de Johannes Di Napoli, em cinco volumes, com tratados sobre *Ethica et Politica*, em latim. Por causa do nome, os livros, do oitocentos, foram apreendidos pelos soldados da PM que revistaram os aposentos dos seminaristas à cata de material subversivo, a mando de Dom Sigaud. Segundo padre Lauro Palú, diretor do Caraça e ex-professor de Mariana:

> o Di Napoli era um manual em vários volumes, não me lembro de quantos. Era bem mais acessível que o Joseph Gredt que nós estudávamos em Petrópolis, em nosso próprio Seminário Maior, e em que estudei a metafísica que eu ensinava em Mariana. Só que em Mariana usavam o Di Napoli, também em latim, mas muito mais simples na linguagem e muito menos denso que o alemão Gredt. Assim mesmo, o curso que dei era resumido por mim, em português, para a rapaziada entender pelo menos o que estava escrito, pois nem todos tinham a base de latim que nós recebíamos naqueles tempos no Caraça.

Da mesma forma que fez com os seminaristas, o arcebispo escorraçou os padres lazaristas de Diamantina, argumentando junto ao reitor, padre Demerval José Montalvão, conforme padre Tobias Zico, que "sua congregação, que formou um padre Lage e um frei Josafá, tem uma grande responsabilidade na putrefação do clero".

Dias depois, o vigário-geral fez o exorcismo do seminário. Aspergiu água benta e incenso por todas as dependências do belo prédio do Seminário Provincial Sagrado Coração de Jesus, localizado no Largo Dom João. Os lazaristas chegaram a Diamantina em 12 de fevereiro de 1867, capitaneados pelo padre Bartholomeu Sipolis. Sob seus cuidados passaram alunos renomados, como o presidente Juscelino Kubitschek, o arcebispo emérito de João Pessoa, Dom José Maria Pires, e o cardeal arcebispo emérito de Belo Horizonte, Dom Serafim Fernandes de Araújo.

Padre Francisco Lage Pessoa foi a "figura que mais se destacou no processo de transformação da Igreja nos anos 1960" e "se transformou em uma das personalidades dominantes da esquerda católica brasileira", segundo o ex-ministro da Fazenda Luiz Carlos Bresser-Pereira no livro *As revoluções utópicas dos anos 60: a revolução estudantil e a revolução política na Igreja* (2006, p. 115).

> Aliava um sentimento de justiça social muito forte e uma vivência direta dos problemas dos trabalhadores, com os quais viveu e trabalhou, a um temperamento arrebatado e a uma grande capacidade de liderança. Era um grande orador e possuidor de uma grande capacidade de trabalho. Entre 1962 e 1964, através da Comissão Nacional de Sindicalização Rural, do governo federal, conseguiu fundar mais de dois mil sindicatos em todo o país.

Padre Lage (1917-1989) era de Ferros, conterrâneo do jornalista e escritor Robert Francis Drummond, autor de *A morte de DJ em Paris* e de *Hilda Furacão*. Estudou inicialmente em Mariana e depois migrou para a congregação dos lazaristas, em Petrópolis. Foi ordenado padre em 1942 e despachado para Mariana, como disciplinário no Seminário Menor e padre espiritual no Maior. Foi também professor do Seminário da Bahia.

O ex-lazarista e padre casado Jair Barros, em seu blog, <http://www.jairbarros.blogspot.com>, manifestou admiração pelo seu antigo coirmão, afirmando:

> Professor em seminários em tempos de muita crise no meio eclesiástico, criou problemas para si e para seus superiores, na interpretação do que o Papa João XXIII chamaria de "sinais dos tempos".

Padre Lage deixou a congregação dos lazaristas e, incardinado na arquidiocese de Belo Horizonte, como vigário da Floresta, tornou-se o mais polêmico sacerdote em Minas Gerais. Tomou emprestado o apelido que os adversários lhe deram como título para seu livro autobiográfico: "O Padre do Diabo".

Ele meteu medo na tradicional família mineira, com um discurso candente na defesa dos moradores da Vila dos Marmiteiros, localizada no bairro da Gameleira, onde fora vigário da paróquia de São Vicente.

Filiou-se ao PTB, mas não conseguiu eleger-se deputado federal. No Golpe Militar de 1964, padre Lage foi preso e humilhado por agentes que o torturaram com um cabo de vassoura. Foi condenado a 28 anos de prisão pelo tribunal militar. Exilou-se no México de onde regressou, após a anistia, casado e com o mesmo entusiasmo para a luta política. Em 1989, tomou posse na Câmara Municipal de Belo Horizonte, como vereador da legenda do PT.

Frei Carlos Josaphat Pinto de Oliveira trocou, em 1952, os lazaristas pelos dominicanos. Ele agitou os meios católicos do país com seu jornal *Brasil Urgente*, lançado em março de 1963 com o lema "a verdade, custe o que custar; a justiça, doa a quem doer". Até seu fechamento pelos militares em abril de 1964, o jornal funcionou como breviário, de leitura obrigatória, dos seminaristas maiores de Mariana. Pregava reformas de base e engajamento da Igreja na defesa dos oprimidos.

Ele saiu menino de Patos do Abaeté, na região dos grandes sertões e veredas de Minas, para estudar no seminário diocesano de Diamantina. Como costumava acontecer com os alunos mais brilhantes das escolas dirigidas pelos lazaristas, Carlos Josaphat foi cooptado pelos professores ao final do seminário menor: foi cursar Filosofia e Teologia em Petrópolis, e lá recebeu a ordenação sacerdotal em 1945, aos 24 anos de idade.

Os superiores o mandaram para dar aulas no Caraça em 1946, e em seguida o transferiram para Mariana, como professor de Teologia. Enviado para o Nordeste em 1949, esteve em Fortaleza e Recife. Na capital pernambucana, conheceu o jovem professor Paulo Freire, seu amigo para toda a vida.

Irrequieto, padre Carlos Josaphat não se conformava com o conservadorismo dos lazaristas – aqueles mesmos que passados dez anos seriam escorraçados de Diamantina e de Mariana por serem avançados demais. Em 1953, foi aceito como frade dominicano, de forma definitiva, com profissão solene no convento de São Paulo da Ordem dos Pregadores.

Josaphat integrou a leva de lazaristas que abandonou a Congregação da Missão após o racha provocado entre os religiosos a favor e contra as ideias de Jacques Maritain. Pensador e embaixador francês no Vaticano, ele escreveu obras, como *Humanismo integral*, que influenciaram a democracia cristã e deram origem ao movimento da Ação Católica.

O bloco descontente, puxado em 1949 pelo frei Marcos Mendes Faria, ganhou em 1950 a adesão de frei Mateus Rocha, e um puxando o outro chegou-se a 1953 com a saída de frei Carlos Josaphat e de frei Eliseu Lucena Lopes, e por fim, de frei Oscar Lustosa em 1954.

Por desconfiarem da qualidade da Teologia ensinada em outras congregações religiosas, os dominicanos brasileiros, considerados de vanguarda, exigiam que os cristãos novos retornassem aos bancos escolares para aprofundamento da Teologia ensinada por eles, na França.

De 1953 a 1957, Carlos Josaphat estudou em institutos franceses. Inicialmente, no convento de Saint-Maximin, no Sul da França, nas proximidades de Marselha. Ali podia desfrutar da beleza da Basílica de Santa Maria Madalena. Depois, foi para o convento de Saint Jacques, no bairro Treizième, em Paris, atrás do Quartier Latin. Conviveu na comunidade com os dominicanos Chenu e Congar, luzeiros na renovação da Igreja, com intensa participação, como especialistas e consultores, do Concílio Vaticano II.

Na volta ao Brasil, em 1957, retomou com Paulo Freire movimentos por uma "pedagogia libertadora" do povo brasileiro. Por pressão de alguns bispos junto à Nunciatura Apostólica, o provincial dos dominicanos mandou frei Carlos Josaphat para o exílio na França em dezembro de 1963, antevendo o regime autoritário que se anunciava. Ele somente regressou ao Brasil trinta anos mais tarde. Aos 94 anos de idade, completados em 2015, o frade mineiro mantinha naquela data intensa atividade intelectual, como escritor, tradutor e conferencista. E com um bom humor de primeira.

A um rapaz que queria ser padre, mas em dúvida se deveria entrar para os jesuítas ou dominicanos, explicou: "A diferença é a seguinte: os jesuítas são autocratas; os dominicanos, democratas". Ele se referia à tradição de todos os superiores jesuítas serem nomeados e os dominicanos, eleitos.

Dom Sigaud se colocava como antípoda de Dom Helder Câmara. Ele provocou Dom Helder com cinco perguntas sobre a nova sociedade brasileira de seus sonhos. As perguntas, publicadas pelos jornais *O Globo* e *Jornal do Brasil* em 16 de agosto de 1968, variavam na forma, mas basicamente cobravam do arcebispo de Olinda e Recife uma posição sobre a propriedade privada e a economia de mercado.

> Qual tipo de sociedade que se quer implantar no Brasil?
>
> Se é lícita, nessa sociedade, a posse de particulares dos meios de produção?
>
> Se o Estado terá um papel supletivo nas questões sociais e econômicas?
>
> Se é lícito o mercado livre?
>
> Se será admitida a propriedade privada?

No *JB*, o título da matéria causou rebuliço: "Dom Geraldo Sigaud diz saber de um seminário onde a Rádio de Moscou é a mais ouvida". O arcebispo mineiro afirmava ser "inegável a penetração" de ideias comunistas nos seminários brasileiros e insistia para que Dom Helder respondesse às suas cinco perguntas, antes de lançar o "Movimento de Pressão Moral Libertadora" em evento marcado para 2 de outubro daquele ano. O engraçado é que dois anos mais tarde, em 1970, Dom Sigaud havia mudado, para decepção da ala conservadora.

Em entrevista ao jornalista Alberico de Souza Cruz, publicada em outubro de 1970 pela revista *Veja*, o arcebispo de Diamantina explicava seu rompimento com a Sociedade Brasileira de Defesa da Tradição, Família e Propriedade (TFP) e dizia amar Dom Helder, a quem chamou de irmão, embora o considerasse comunista. Em novembro, a TFP lamentou, pesarosa, a ruptura do arcebispo com a entidade presidida por Plínio Correa de Oliveira.

> O Sr. D. Geraldo Sigaud tem razão ao afirmar que a reforma agrária e as reformas litúrgicas foram causas de

distanciamento entre ele e a TFP. O Sr. Arcebispo de Diamantina poderia ter acrescentado a estas uma terceira causa. É que, a partir de 1969, S. Excia começou a se manifestar favorável à abolição do celibato eclesiástico, pelo menos em certos casos. Essa mudança de opinião lhe valeu, segundo consta, um abraço de felicitação de D. Helder. Pelo contrário, os membros da TFP se mantêm firmemente ao lado da legislação canônica atual, que estabelece a necessidade do celibato na Igreja latina para todos os clérigos.

Apesar de polêmico, às vezes desagradável, Dom Sigaud surpreendia com seu comportamento que hoje seria classificado como bipolar. Com apenas dois anos de ordenação, o então padre Geraldo Lyrio Rocha peitou o arcebispo de Diamantina, durante uma reunião da CNBB, em Brasília, nos idos de 1969. Sigaud tomou da palavra para exortar a Igreja a agir politicamente para não enfurecer o governo militar.

Os bispos presentes silenciaram. O futuro arcebispo de Mariana, assessorado pela ousadia que a juventude lhe conferia, julgou por bem não se calar. Rebateu o prelado diamantinense, em corajosa peroração, ensinando que já era hora de a Igreja trocar a pusilanimidade política pela audácia pastoral. Dom Sigaud ouviu e não polemizou.

> Finda a reunião, ele me pegou pelo braço. Esperei pelo pior, que me repreendesse. Ao contrário, foi afetuoso, fez muitas perguntas.
>
> – Como é seu nome?
>
> – Eu disse, Geraldo.
>
> – Então, somos xarás. Qual sua idade, meu filho?
>
> – Tenho 27 anos.
>
> – E quantos anos de padre?

– Somente dois anos. Fui ordenado em 1967, lá em Fundão, minha cidade natal, no Espírito Santo.

– Conheço a região.

– Ajudei sua missa, quando o Senhor esteve em Vitória; fui eu quem segurou o báculo.

Passadas quase cinco dezenas de anos, o arcebispo Dom Geraldo Lyrio Rocha acredita que em sua cordialidade, sem tocar em nenhum momento na altercação, Dom Sigaud deu-lhe uma demonstração de respeito a posições e opiniões diferentes. Agiu para recompor o clima de tranquilidade, como se nada acontecera.

Em outra ocasião, alguns quartanistas de Teologia, do seminário de Diamantina, procuraram Dom Sigaud para manifestar sua repulsa às inovações do Concílio Vaticano II. Segundo Dom Geraldo Lyrio, Dom Sigaud, que participara ativamente das assembleias conciliares, não tolerou a insubordinação e disse-lhes: "se é assim, não vou ordenar nenhum de vocês, e correu com eles".

A ele, a revista *Veja* honrou com um predicado raro entre os homens da Igreja: o de semeador de empregos e de melhoria de vida do rebanho. Segundo a revista, o arcebispo Sigaud, após romper com a TFP, comprou uma fazenda de 5.100 hectares, na região de Diamantina, e criou a Reflorestadora Alto do Jequitinhonha, e plantou 70 milhões de eucaliptos até o final da década de 1970. O empreendimento, constituído com capital dividido em cotas, ganhou a adesão do ex-seminarista de Diamantina, Juscelino Kubitschek.

Diamantina foi *avant-première* de Mariana, a Cidade dos Bispos, de Alphonsus e dos anjos barrocos. A saída de Mariana não foi coroada pelo exorcismo nem por atos de deselegância. Houve, no entanto, palavras duras do clero diocesano que assumiu em 1967 a condução do seminário. O bispo emérito de

Oliveira e ex-aluno de Mariana, Dom Francisco Barroso Filho, viveu muitos anos sob a suspeita de "fazer a caveira" dos lazaristas.

Na época do fechamento, Barroso era padre e vigário da paróquia de Nossa Senhora de Antônio Dias em Ouro Preto e considerado muito ligado a Dom Oscar. "Pensavam que fosse eu o informante de Dom Oscar sobre as mazelas do seminário, mas não fui eu: foi um colega deles, o padre Avelar" – confidencia o prelado em julho de 2015, à beira de completar 88 anos de idade.

Sem mistérios, monsenhor Flávio Carneiro assinala os tempos difíceis pós-Concílio Vaticano II, quando liberados pelo Papa João XXIII muitos padres pediram e obtiveram dispensa do ministério sacerdotal. Segundo ele, onze sacerdotes abandonaram a batina em Mariana. A deserção foi maior em outras dioceses e congregações religiosas.

Categoricamente, afirma sobre o "furacão " que agitou e confundiu a Igreja naqueles dias: "não era fácil manter equilíbrio em meio a um desassossego tão grande! Mas também, numa homenagem à justiça, não se eximem de culpa alguns professores e lazaristas da época, pelos dias conturbados que o seminário maior conheceu".

Para o monsenhor, "faltou prudência, faltou cuidado na formação dos alunos e no governo da casa; não faltou um certo envolvimento demagógico e comprometedor". Ele lamenta o fim de uma parceria que durou 111 anos, desde 1855 no governo de Dom Viçoso, e que, renovada a cada dez anos, deveria ser reformada em fins de 1969.

Depois de anos de trabalho "magnífico", os lazaristas foram se afastando das metas do fundador São Vicente de Paulo – as missões e os seminários. Conclui monsenhor Flávio Carneiro:

> Paulatinamente, arrefeceu o entusiasmo com a formação sacerdotal e os padres vicentinos foram

entregando sucessivamente os seminários que, no passado, com reconhecida maestria, dirigiram no Brasil: em Fortaleza (Prainha), Salvador da Bahia, São Luiz do Maranhão, Curitiba no paraná, Diamantina no norte de Minas, Aparecida e Assis em São Paulo, Brasília e... Mariana. Também o espírito sacerdotal, em alguns meios, tinha degenerado sensivelmente: não menos de nove dos professores lazaristas, que trabalharam em Mariana, laicizaram-se posteriormente, nesta época conturbada.

Certamente, o monsenhor se refere aos padres que optaram pela secularização, entre eles, Belchior Cornélio da Silva, João Batista Ferreira, Luciano Castelo, Luiz Aurélio Rodrigues de Andrade, Marçal Versiani dos Anjos, Jarbas Rocha Ornelas, Paulo Márcio Grossi.

Em 11 de setembro de 2015, monsenhor Flávio Carneiro Ribeiro, diretor do Arquivo Eclesiástico da Arquidiocese de Mariana, respondeu, gentilmente, por escrito, a perguntas sobre "as ocorrências no seminário, no período imediato pós-concílio":

> Houve de fato um desassossego violento no seio da Igreja universal que não poupou nem mesmo dioceses tradicionalmente tranquilas e equilibradas como a nossa, de Mariana. Nosso seminário, sempre conceituado na avaliação brasileira, acolhia também seminaristas de dioceses vizinhas. Era, então, dirigido pelos padres da Congregação da Missão (Lazaristas), com professores formados em outros centros: alguns um pouco independentes e não muito dóceis às orientações de nosso Arcebispo. O posicionamento de poucos destes professores foi decisivo no clima geral de nosso seminário.

Na opinião de monsenhor Flávio, a quieta e equilibrada Mariana, de ricas tradições religiosas, não escapou à ventania conciliar soprando a favor da renovação:

> O "espírito de mudanças", suscitado pelo Concílio foi forte e abrangente... Um forte vento soprou a Igreja universal, chegando a Mariana. Não faltaram maus exemplos pelo mundo afora, perto e longe de nós. Nosso Arcebispo, Dom Oscar, sustentou com braço competente seu báculo no pastoreio da arquidiocese.

Em 8 de dezembro de 1966, o jornal *O Globo* noticiou na página 2: "Ainda fechado o seminário de Mariana". Segundo matéria postada pela sucursal de Belo Horizonte, até aquela data continuava "na estaca zero o problema da reabertura do Seminário Maior São José". A questão, de exclusiva competência do arcebispo Dom Oscar de Oliveira, teria sido abordada em recente reunião episcopal, "com a presença de Monsenhor Garrone, emissário especial da Santa Sé ao Brasil para a discussão de assuntos relativos ao ensino eclesiástico".

Na semana anterior, informa o matutino carioca, monsenhor Garrone reuniu-se no Rio com bispos e reitores de seminários para externar a posição de Roma sobre a formação seminarística, "à luz dos princípios do Concílio Vaticano II".

Diz o jornal que "em Roma, entenderam os padres conciliares ser imprescindível à Igreja ouvir os reclamos da juventude e aproximar os sacerdotes da comunidade desde o curso e não somente após a ordenação. A ânsia da renovação, conforme as palavras de monsenhor Garrone, torna necessária a existência de seminários abertos dos problemas temporais".

Capítulo 9

Ramiro e Irineu

Ramiro Canedo de Carvalho não estava mais lá. Contava 26 anos de idade e deveria estar matriculado no segundo ano de Teologia. Logo, Ramiro subiria ao altar do Senhor. Um de seus colegas de turma, Odilon Guimarães Moreira, da diocese de Caratinga – que migrou para o Seminário Coração Eucarístico de Belo Horizonte, quando Mariana fechou –, ordenou-se padre e foi feito bispo de Itabira em janeiro de 2003 pelo Papa João Paulo II.

No final de 1965, porém, o padre Maia, seu diretor espiritual, o aconselhou a passar uma temporada fora do seminário. Ramiro pertencia à diocese de Pouso Alegre, que antes do arcebispo Dom José D'Angelo Neto, tivera como bispo Dom Oscar de Oliveira, nomeado em 1954 pelo Papa Pio XII.

Antes de Pouso Alegre, onde estudou apenas quatro meses, Ramiro foi aluno no Seminário dos Estigmatinos, em Verona, na Itália e nas cidades de Rio Claro e Ribeirão Preto, em São Paulo. Dom José D'Angelo mandava seus seminaristas para Mariana.

"Eu não participei diretamente do fechamento, mas vivi o clima que já estava se esquentando" – recorda-se. "Vim para Poços de Caldas logo que saí de Mariana. Em 1966 eu lecionava aqui em algumas escolas e, então, fiquei sabendo de longe o ocorrido". No ano seguinte, o jovem professor, nascido na pequenina Ibitiura, casou-se.

Ramiro viveu os mistérios de Mariana. Passados cinquenta anos, o professor aposentado da PUC Minas, com duas pós-graduações na Unicamp, autor do livro *Um guia prático para quem escreve* e residindo em Poços de Caldas, dá seu depoimento sobre o episódio que os ex-seminaristas chamam de "diáspora".

> João XXIII e o Vaticano II eram a nossa esperança de vivenciar uma Igreja mais voltada para os problemas do mundo pobre. Vivíamos num clima febril de ansiosa expectativa para que os padres conciliares discutissem sobre uma Igreja mais aberta para o mundo moderno.
>
> Quase que diariamente fazíamos recortes dos jornais que traziam matérias do Concílio e os afixávamos no quadro de aviso, para que todos acompanhassem as discussões dos padres conciliares, sobre novas ações pastorais.
>
> Os padres professores, entre eles, o padre Maia, padre Cornélio, padre Ildeu Pinto Coelho e o cearense Pe. Luciano nos punham a par do pensamento dos grandes teólogos Henri de Lubac, Jean Daniélou, Marie-Dominique Chenu e Yves Congar, Edward Schillebeeckx, Hans Küng, Paul Chauchard, Karl Rahner cujas leituras dos padres conciliares eram como que obrigatórias.
>
> O momento era febril. Nossos padres orientadores abriam nossa mente para uma participação social e política muito consciente. Militares do exército revolucionário entraram no Seminário para buscar e prender o padre Luciano, professor de Sociologia. Ficaram embrutecidos porque não o encontraram: padre Luciano já estava em Paris, junto com os padres operários.
>
> Líamos e discutíamos a Mater et Magistra e até o paleontólogo Teilhard de Chardin, a quem a Sagrada

Congregação da Fé punha restrições. Era como que um pecado ler o "Fenômeno Humano" desse grande místico.

João XXIII e o Concílio Vaticano II traziam uma esperança de renovação e abertura da Igreja. Sua encíclica Mater et Magistra representava algum perigo para as mentes fechadas, por causa do aggiornamento do seu autor.

O Brasil vivia um clima em que o operariado ganhava força, contrariando o poderio militar. Recebíamos o jornal Brasil Urgente, editado na diocese de Santo André (SP) pelo frade dominicano Carlos Josaphat, e fechado brutalmente pelo golpe militar. O ministro da Educação, Paulo de Tarso, distribuía um comentário da Mater et Magistra, em dois volumes, com uma orientação sábia de peritos da Igreja sobre os problemas sociais.

Grandes intelectuais e exemplos de cristão nos visitaram na época. Entre eles, Alceu Amoroso Lima (o Tristão de Athayde), o padre (bispo) Pedro Casaldáliga e as Irmãzinhas de Jesus (de Charles de Foucauld). Líamos as orientações de Tristão de Athayde sobre a Ação Católica, e seus movimentos universitários, operários e estudantis. A Teologia da Libertação já era uma temática que nos atraía.

Os cônegos marianenses pareciam torcer o nariz frente à orientação que os lazaristas nos passavam. Os livros dos teólogos eram mais lidos do que o jornal O Arquidiocesano. O fechamento do Seminário não teria sido uma reação da Excelência Reverendíssima Dom Oscar de Oliveira, a toda essa orientação dos padres lazaristas?

Irineu Rossi Acipreste estava lá. "Estudei no Seminário Maior apenas de fevereiro a setembro de 1966, quando o mesmo fechou". Irineu fazia o primeiro ano de Filosofia. Nas horas vagas, dedicava-se ao teatro e nas férias saía à cata de algum adjutório financeiro pelo interior de Minas, com seu grupo teatral, apresentando peças nos salões paroquiais da arquidiocese. Saiu corrido de Barão de Cocais, onde a peça *Sete homens e um pão* escandalizou o vigário padre Gerardo Magela Pereira. "Comunistas, vou contar para Dom Oscar" – berrou o pároco, colega de turma do arcebispo durante os tempos de seminário em Mariana.

> Eu já estava decidido que a Igreja Romana não servia para mim e iria sair. Apenas me lembro que o reitor Padre Almeida fez uma pesquisa entre os alunos, não me lembro nada desta pesquisa, nem sei se a respondi. Lembro-me apenas da reunião, com todos os seminaristas presentes, fazendo um discurso desse encerramento.

> Neste discurso tem uma frase que não sei se é verdadeira ou uma imaginação minha, mas lembro-me dela: "Vocês não conseguiram uma vitória, vocês vão para o exílio curtir a angústia de um dever não cumprido".

> Após o fechamento do seminário fui para minha terra, Rio Casca, que fica perto de São Domingos do Prata, Diocese de Itabira. Fui chamado por amigos para uma reunião com Dom Marcos Noronha em Itabira. Tentei ainda, fazendo o vestibular para o Instituto Central de Filosofia e Teologia da PUC em BH, onde estudei apenas um ano, já trabalhando e me sustentando.

> Logo a seguir fiz o vestibular para UFMG, onde me formei na área econômica e nela trabalhei até me aposentar. Mas em 1970, época da renúncia de Dom Marcos da Diocese de Itabira, desliguei-me definitivamente da nossa querida Igreja Romana.

Capítulo 10
Ivanir

Coube a Ivanir apagar as luzes e fechar as portas do Seminário Maior. "Foi triste assistir a saída de todos os seminaristas, ver o seminário vazio e em silêncio" – relembra cinco décadas depois. Conta que quando todos debandaram, restaram apenas três no casarão erguido por Dom Helvécio Gomes de Oliveira: ele, Josué Silva Abreu e Karl Binder.

Dava pena ver o seminário transformado em cemitério. Desde 1953, quando entrou no Seminário Menor Nossa Senhora da Boa Morte, Ivanir habituara-se à vida, à cantoria e ao vozerio. A corredores movimentados, pátios animados e ao som da campainha. Acordava com a exaltação em latim pelo padre disciplinário, *"Benedicamus Domino"* e fora treinado a levantar depressa, responder *"Deo gratias"*, arrumar a cama e preparar-se em minutos para deixar o dormitório e seguir até a capela.

> Ei, Zé Maria Cunha, ei, Cabral! Vocês se lembram das comemorações dos aniversários lá no laboratório do "Fotanjo", atrás do palco? Aqueles vinhos do Sul de Minas? As salsichas, os presuntos enlatados que eu trazia da venda do Sr. Landico, fritos em latas de goiabada sobre um fogareiro a álcool improvisado? Como era gostoso! E as conversas que jogávamos fora?

Ríamos das gafes, das situações difíceis, dos acontecimentos nas aulas, dos "foras", das "manotas" no refeitório, das galinhas que desapareciam no galinheiro do Sr. Lindouro, das piadas sem graça de alguns professores de que nós tínhamos que rir. E nisto ficávamos até as onze e tantas da noite.

Numa destas noites, depois de apreciarmos alguns quitutes e um vinhozinho suave, saímos do laboratório de fotografias, pé ante pé para não perturbar o sono de ninguém; subíamos ao palco para depois atravessar o salão de festas, quando esbarramos numa cadeira. Estava muito escuro. Foi um barulhão.

Isto chamou a atenção do padre Argemiro que saia do refeitório com uma lanterna de três pilhas, jogando um clarão em nossa direção, como se fosse uma cena de teatro. Sentíamo-nos pegos em flagrante, como os piores condenados.

Explicamos que estudávamos, deu fome e resolvemos fritar uns quitutes. Ele: e isto são horas de fazer tais coisas? E o grande silêncio, meus caros? Vocês deveriam estar dormindo.

Quando percebeu a presença do Cabral, padre Argemiro foi firme: mas Cabral, você de novo? Cabral, assustado e sem argumentos diante de nova transgressão, disse: ah, sô padre, a carne é fraca!

Padre Argemiro nos passou um sermão, falou sobre nossa irresponsabilidade e que sabíamos das consequências por transgredir as normas da casa. E que aquilo não ficava bem para três seminaristas maiores, cursando Filosofia. Mandou que fôssemos dormir e que no dia seguinte teria uma conversa especial conosco.

Que noite aquela! Impossível dormir. Ficamos só pensando nas consequências de nossos atos, aguardando com ansiedade a decisão do padre Argemiro no dia seguinte. Para nosso alívio, após aquela noite mal dormida, o sermão foi breve, tudo ficou numa conversa amistosa e prometemos nos emendar e não fazer mais aquilo (*Gens Seminarii*, ano V, n. 9, junho de 2011).

Pareceu uma eternidade, sem o sono dos justos, a noite de fechamento do Seminário Maior São José, em 8 de setembro. "Fiquei acabrunhado contemplando o seminário desprezado pelo arcebispo". A turma sem futuro, despejada da própria casa, expulsa de seus sonhos.

Ivanir viera de Dionísio e estava convicto de que o Senhor o queria como operário para sua messe. E assim aconteceu. Em 10 de julho de 1966, Ivanir, 27 anos, prostrou-se no piso da catedral de Nossa Senhora do Rosário de Itabira para ouvir, em português, conforme a nova liturgia pós-conciliar, a ladainha de Todos os Santos e as palavras da ordenação sacerdotal presidida por Dom Marcos Noronha. Um momento histórico: o primeiro bispo de Itabira, empossado pelo Núncio Apostólico, Dom Sebastião Baggio em 29 de dezembro de 1965, ordenava o primeiro padre da recém-criada diocese, o diácono José Ivanir Américo. "Estreei tudo na diocese de Itabira: fui o primeiro padre ordenado por Dom Marcos Noronha, nomeado bispo pelo Papa Paulo VI em 1° de janeiro de 1965 ".

Ivanir voltou a Mariana em agosto para concluir o quarto ano de Teologia. Estreou no ministério presbiteral como capelão das irmãs Carmelitas da cidade. Atendia ao pedido de seu professor padre Pedro Terra Filho que estava de mudança para Belo Horizonte e precisava de um substituto.

Padre "fresco", como brincava a turma, Ivanir participava ativamente das rodas de discussão sobre as mudanças preconizadas pelo Concílio Vaticano II. Os teólogos vinham acompanhando com entusiasmo o "*aggiornamento*" da Igreja. Afirma:

O sentimento de mudança tomou conta dos seminaristas de Mariana, sobretudo dos alunos de Teologia, já na bica da ordenação.

A gente se reunia frequentemente e começamos a questionar a formação que recebíamos, o regulamento interno do seminário. Queríamos mudanças. Queríamos crescer, uma transformação na preparação seminarística para a nova Igreja que surgira.

Professor do seminário naqueles dias, o psicanalista e padre casado João Batista Ferreira concorda:

A reforma do currículo (cunhado em manuais obsoletos), a mudança do regime (regulamento padrão europeu do começo do século XX de Casas de Formação) do Seminário, aos poucos, iam acontecendo. O teólogo José Comblin, o padre Paul-Eugène Charbonneau, o casal Varejão, de Vitória, ambos advogados, estiveram conosco, participando das discussões. Lazaristas de outros Seminários apareciam em feriados e finais de semana para conversar conosco.

Em agosto de 2015, já septuagenário, José Ivanir Américo não guarda na memória nenhuma informação sobre o inquérito que os lazaristas fizeram correr entre os seminaristas. Na versão dele, a turma de Teologia tomou a frente em favor de mudanças e elencou uma série de reivindicações. O reitor, padre Almeida, anotou "umas vinte reivindicações". Uma delas seria a desobrigação de andar de *clergyman*.

Naquele tempo, já tínhamos derrubado a obrigação de usar guarda-pó para jogar bola, mas ainda existia certo apego à batina. Queríamos mudança de hábito, da grade curricular e do regulamento disciplinar.

Pedíamos mais liberdade e acho que alguns colegas exageraram nas propostas de mudança.

O reitor assustou-se. Rejeitou, de pronto, as reivindicações que considerou exageradas. Disse que sozinho não podia promover as reformas solicitadas, que conversaria com os professores e depois com o arcebispo Dom Oscar de Oliveira. Foi, então, segundo Ivanir, que "Dom Oscar meteu a mão na mesa e irritado expulsou os padres lazaristas e os seminaristas".

Foi um susto de todo tamanho. Ninguém esperava por aquilo. Na noite em que o padre reitor reuniu a comunidade e anunciou o fechamento, "houve quem pensasse que era brincadeira". José Ivanir considera ter sido "precipitada, inconsequente e irrefletida" a decisão. Para ele, o arcebispo "foi drástico" e deveria ter refletido melhor.

Foi uma debandada geral. Ninguém tinha se preparado para sair e o pior foi assistir a partida dos companheiros e permanecer ali, no casarão desocupado, até meados de outubro, quando foram obrigados também a sair, os três últimos alunos – ele, Josué e Binder.

O bispo Dom Marcos Noronha escreveu-lhe recomendando um período de descanso antes de assumir um cargo na diocese. Ivanir viajou para sua cidade, Dionísio, e levou para a casa de seus pais os dois amigos Josué e Binder, que estavam sem destino. Conseguiu com o diretor do colégio local, o padre José Índio, o cargo de professor para Josué, que no seminário atuava também como fotógrafo. Logo o novo professor se firmou na área e mudou para o hotel.

Dom Marcos Noronha nomeou padre José Ivanir Américo, como coadjutor do padre Tarcísio dos Santos Nogueira, para as paróquias de Morro do Pilar, Itambé do Mato Dentro e Santo Antônio do Rio Abaixo. Karl Binder, que era alemão, morou com os dois padres em Morro do Pilar por um ano. Ajudava na catequese, conseguiu recursos financeiros na Alemanha para as obras sociais e quando foi embora, nunca mais deu notícia.

Ivanir permaneceu presbítero até 1985. Então, deixou o ministério. Casou-se com Maristela Fonseca e o casal tem três filhos – Saulo, fisioterapeuta; Ivanir Júnior, engenheiro ambiental; Lorena, a caçulinha e pedagoga.

O bispo Dom Marcos Noronha saiu primeiro. Em 1970, o Papa Paulo VI, que o nomeara, aceitou sua renúncia ao bispado de Itabira. Seis anos depois, casou-se com Zélia Quintão Froes, irmã de Nelson Quintão Froes, aluno do terceiro ano de Filosofia em Mariana na *diáspora*.

Capítulo 11
Lisboa

Porque seu colega de biombo Agerson Meira, da diocese de Diamantina, estava viajando, o primeiranista de Teologia Geraldo Antônio Lisboa, ao sair, deixou um bilhete na mesa do amigo: "Ageu, o seminário fechou. Já fui ". Então, "fui para São João del-Rei e me apresentei a Dom Delfim".

Era sexta-feira, dia 9 de setembro de 1966. Na manhã da quinta-feira, festa da Natividade de Nossa Senhora, o reitor, padre Almeida, convocou os seminaristas e a congregação de professores ao salão de reunião. E comunicou o fechamento do seminário.

> O Reitor fez um resumo das respostas ao inquérito e concluiu que, diante da sugestão de mais de 90% dos alunos, declarava fechado o seminário, que cada um se apresentasse a seu bispo e que, como Dom Oscar estava viajando, os padres iriam aguardá-lo para lhe comunicar a decisão.

Lisboa garante que não foi pego de surpresa, embora não corresse nenhum boato na casa sobre a decisão.

> É que havia um descontentamento geral com a estrutura em que vivíamos.

Padre Gomes, que era nosso professor de Catequese, percebendo esse ambiente, fez uma enquete no 1° ano de Teologia, minha turma. A partir daí, foi feita a mesma coisa em todas as turmas, com várias perguntas sobre a situação geral do seminário. A última pergunta pedia que fosse sugerida uma solução. Mais de 90 dos entrevistados, não sei exatamente o percentual exato, sugeriram o fechamento.

Lisboa dispara mensagens de WhatsApp de seu retiro no condomínio Locum Nillorum, localizado à sombra do Caraça, na vila do Sumidouro, frontal à vila negreira do Arranca Toco. As vilas ganharam luz elétrica e modernidades, mas mantêm um quê de melancolia tal como as conheceu em 1889 Joaquim de Salles, menino do Serro a caminho do colégio lazarista, que registrou em livro suas observações sobre os lugarejos (SALLES, 1993).

Ele lembra que "a década de 1960 foi de profundas mudanças no mundo católico e na política brasileira". As mudanças iniciadas pelo Papa João XXIII, com a convocação do Vaticano II, ganharam a oposição de cardeais, bispos e presbíteros e o apoio, com raras exceções, dos seminaristas de Mariana.

> Éramos jovens e aplaudíamos as reformas do Concílio que refletiriam sobre toda a Igreja e, consequentemente, sobre a formação dos seminários.
>
> Em 1963, fui para o Seminário Maior de Mariana, onde já encontrei certo descontentamento com a formação que nos era oferecida.
>
> Havia muitas disciplinas, os padres eram grandes professores, mas tudo era desprovido de prática.
>
> Tínhamos verdadeira aversão aos cônegos do famoso "cabido metropolitano", por sua postura de imponência.

Nós os achávamos maníacos. Usávamos até a expressão "isso é mania de celibatário", para criticá-los.

Nosso relacionamento com os reitores que por lá passaram e com os padres nossos professores era excelente. Eram da Congregação da Missão. Eles nos acompanhavam, orientavam, aconselhavam e apoiavam.

Não tínhamos qualquer relacionamento com o Arcebispo de Mariana, Dom Oscar de Oliveira. Ele não ia ao seminário. Estive lá quase quatro anos e nesse período ele não foi ao seminário maior uma vez sequer.

No domingo de Páscoa, íamos os seminaristas, o reitor e todos os padres do seminário visitá-lo no palácio episcopal. Não havia diálogo. Apenas o reitor o saudava em nome de todos e ele respondia com poucas palavras, todos em pé na entrada do Palácio Episcopal.

Era uma visita cheia de formalidade, sua fala era vazia de conteúdo e não acrescentava qualquer novidade útil à nossa formação, apesar de ser um grande poeta e escritor.

Queríamos sair à cidade, para a catequese, visitas, etc. O reitor consultou-o a respeito e ele cedeu. Como muitos saiam de blusas bonitas, alguém (disseram que foram umas beatas) foi a ele e lhe disse que os seminaristas estavam saindo "muito bonitos" e que isso não ficava bem. Aí, ele determinou ao reitor que saíssemos de paletó, o que não foi bem aceito.

Lisboa diz que o ambiente na casa não era de revolta, mas de descontentamento, agravado pela reação dos seminaristas às notícias de que a cúpula da Igreja Católica teria apoiado a quartelada militar apesar da prisão de padres e seminaristas – "muitos, segundo se dizia, entregues pelos próprios bispos".

Conversávamos muito entre amigos, meditávamos até mesmo à luz do Evangelho. Mas havia alguma coisa no ar, visto que se notava que nem tudo ia bem. Estes dois acontecimentos da década de 1960 – o Concílio e o golpe militar – exerceram profundas influências nos seminários.

À luz da lanterna na popa, como o ex-seminarista Roberto Campos batizou sua autobiografia, Geraldo Lisboa conclui que o seminário foi fechado pelos seminaristas, que queriam sair da rotina e da mesmice. Queriam mudanças que colocassem o futuro padre mais pé-no-chão, mais próximo dos paroquianos, sobretudo dos mais necessitados, material e espiritualmente.

Não havia indisciplina, nem oposição ao celibato: todas as normas eram cumpridas. Saíamos só quando permitido: quinta-feira era livre e podíamos sair de manhã e voltar à tarde, antes do jantar. Em outros dias, por exemplo, sábado e domingo, a saída tinha que ser comunicada ao padre disciplinário.

As lindas cerimônias da Semana Santa tinham a atuação dos Seminaristas e a participação do Coral do Seminário regido pelo saudoso padre Maia. Eu mesmo fui cerimoniário de Dom Oscar. Eram cerimônias muito piedosas e tocantes. Havia em Mariana um cidadão muito piedoso, chamado Sr. Ninico, que, ao terminar uma cerimônia, exclamava:

"Só em Roma!".

Capítulo 12
Josué

Da varanda de sua residência da rua Helena Antipoff, no ponto mais alto do aristocrático bairro de São Bento, em Belo Horizonte, Josué comprova a veracidade de ensinamentos aprendidos ao longo da vida. No aconchego familiar da Bahia e nos salões imensos do Seminário Maior São José de Mariana.

Para chegar até aquele endereço, o juiz federal do Trabalho Josué Silva Abreu, aposentado em 2003, manteve cingido na cintura o cilício latino – "*per aspera ad astra*". Pelos caminhos espinhosos, às alturas. Ele nasceu em Paratinga, na Bahia, à beira do Rio São Francisco, em 2 de junho de 1944, quatro dias antes da invasão da Normandia pelas tropas aliadas.

Josué aprendeu cedo a obter as coisas pelo trabalho. Sem esperar que o maná caísse do céu. A citação latina também poderia ser traduzida, com os versos de "Carango", de Wilson Simonal, um artista em ascensão naquele tempo:

> Camisa verde claro, calça Saint Tropez
> E combinando com o carango
> Todo mundo vê.
> Ninguém sabe o duro que dei
> Prá ter fon-fon, trabalhei, trabalhei.

Josué estava trancafiado no estúdio fotográfico, quando o reitor, padre José Pires de Almeida, anunciou o fechamento temporário do Seminário Maior. Nem acreditou. No dia anterior, o feriado de 7 de setembro de 1966, Josué, então no segundo ano de Filosofia, cobriu o desfile da Independência nas ruas de Mariana, com sua máquina. Fotografia não era *hobby*. Era meio de vida.

Durante meu período de seminário, começando pelo de Caitité, na Bahia, foram várias as marcas e modelos de máquinas fotográficas, melhorando a cada ano com os recursos que ganhava. Em Mariana, já era uma fase melhor. Acredito que as marcas mais usadas eram a Yashica, Olympus-pen e Minolta. As Yashicas eram grandes com filmes de 12 poses 6x6 (acredito) para serem copiadas em papel fotográfico.

As Olympus-pen eram usadas mais para filme diapositivo, na época, os monóculos. Trabalhei muito no Rio e em Bom Jesus da Lapa com monóculos e era eu mesmo quem os revelava. Tinha, também, amplificador para copiar fotos em tamanhos maiores que o original. Eram fotos em preto e branco.

Meu trabalho no Rio de Janeiro, nas férias de fim de ano, era nas praias com os monóculos, a febre da época. Durante o carnaval, trabalhava para um estúdio fotográfico. Cada fotógrafo tinha um número e um bloco e quando você fotografava alguém, entregava uma folha do bloco com o número da fotografia e o endereço da loja, sem receber nada. O cliente ia lá, mandava revelar e, aí, era creditado para o fotógrafo o que lhe era devido.

Como naquela época ninguém tinha câmera digital nem telefone com câmera, pouquíssimas fotos eram perdidas. Nas férias de julho, o destino era em Bom

Jesus da Lapa, na época da Romaria. Havia muitos romeiros e eu era guia turístico e isto muito me ajudava no serviço de fotografia. Produzia os monóculos (diapositivos).

O dinheiro que ganhava era suficiente para me manter no Seminário com folga. A minha diocese pagava o Seminário, mas se eu tivesse que pagar, não haveria nenhum problema.

Agora, assustado com o desfecho da crise e colocado na rua, Josué foi inicialmente auxiliado pelo amigo José Ivanir, que o levou para Dionísio. Depois, mudou-se para João Monlevade, onde fez Letras, deu aulas, e mais tarde fundou com Geralda, sua esposa, o Instituto Castro Alves. A escola, onde empregou ex-seminaristas, chegou a ter mil alunos em cursos técnicos de mecânica, desenho, patologia clínica, enfermagem, mineração, edificações e química.

Mais tarde, formou-se em Direito, fez pós-graduação em Toulouse, na França; advogou, foi aprovado em concursos para técnico, oficial de justiça e juiz do Trabalho, sempre na área federal. Apesar de vocacionado para a espiritualidade e o altar, nunca esperou que o maná despencasse do céu. Correu atrás, o tempo todo.

Não mora em apartamento. Prefere a liberdade das casas, explica, porque foi criado em espaços amplos, desde as passagens pelo Seminário Menor dos redentoristas em Garanhuns, em Pernambuco (1958-1959); o seminário São José de Caitité, na Bahia, (1960-1963); e o seminários Menor e Maior de Mariana (1964-1966). Sua casa, no bairro São Bento, com 500 metros quadrados, salas, escritório e biblioteca, quartos no segundo andar, e uma área *gourmet* de 105 metros quadrados, imita as dimensões dos seminários por onde passou. É nela que ele e Geralda gostam de reunir os quatro filhos para os suetos familiares.

Capítulo 13
Mariosa

No livro *Mariosi: desafios e poesias*, publicado em Brasília em 2015, é possível conhecer nas fotos a vida do desembargador João de Assis Mariosi, ex-presidente do Tribunal de Justiça do Distrito Federal e Territórios. Ele aparece ao lado de presidentes da República, de governadores, ministros do Supremo Tribunal Federal, juízes e de amigos do seminário, usando batinas.

Na diáspora, Mariosa, como assinava seu nome *in illo tempore*, estava matriculado no terceiro ano de Teologia do Seminário São José de Mariana, vinculado à diocese de Pouso Alegre, sua cidade natal. Para ajudar nas despesas, trabalhava na oficina de encadernação do padre Avelar. Dos fatos que resultaram na "diáspora" diz:

> Parece que há uma doutrina do arcano ainda impedindo a divulgação. Os ventos de Roma passaram, levantaram ácaros, sepultaram espíritos, modificaram a formação dos Levitas. Foi um samba de breque, em cantochão. Na realidade foi um marco histórico, porque vários ícones foram quebrados e escondidos.

Relendo o livro que me deu na volta de Mariana para BH, você fala em experiência de clausura. Como, quando e onde foi?

"Retornando aos anos 60, os lazaristas chamavam de clausura aquelas dependências, onde eram leigos impedidos de entrar, com exceção dos empregados. Proibido era o ingresso das fêmeas. O Padre Disciplinário Argemiro, chamava de claustro as varandas ao lado das salas de aula, o corredor dos diáconos e os quartos dos teólogos. Clausura, portanto, era uma metáfora, pois o ambiente era pertinente a seminaristas diocesanos e não aos de ordem religiosa.

Entre nós, era um sarcasmo silencioso, que faziam o sorriso silencioso dos alunos e a alegria pela conformação dos mestres. Padre Argemiro era um jovem que tinha dificuldade de se expressar em público e, quando nos entrevistava em questão de regimento ou pequenas decisões, chamava a cada um de 'Meu Caro'. Ficou com esse apelido e como palavra secreta para avisar que ele estava por perto, no arrependimento após ter almoçado, na reza do *miserere* até à capela; na ida até à Sé, quando os passeios ficavam atulhados de mocinhas que queriam ver os seminaristas, cumprimentá-los e esperar que algum largasse a batina e se casasse com ela. O padre 'Meu Caro' e o padre Avelar recomendavam: 'gente, não se afogue em copo d'água'.

Os cantores, acompanhados por cantoras, entre elas alunas do colégio Providência, eram vigiados no Chorus Angelicus, no momento da 'paz', que era transmitida pelo subdiácono, nas missas cantadas, com o amplexo dado com os dois braços, enquanto se orava: '*Pax Christi*' e as duas mãos eram colocadas na altura do ombro, com os cotovelos dobrados junto ao corpo. O 'Meu Caro' observava se as papilas mamárias eram esmagadas pelos mais afoitos.

Se se observar o Kalendarium em latim, que era a forma exigida por Dom Oscar para dispor e relacionar os alunos e que durou até 1962, nota-se que se falava também *in claustris*. Depois o calendário foi publicado em português e reduziu-se o nome de clausura."

No dia do fechamento de Mariana, como se sentiu? Você estava no 3º ano de Teologia? Seu bispo reagiu de que forma?

"O fechamento era aguardado pelos decanos de cada diocese e pelos líderes de alunos de ordens religiosas. Já fazia semana que o ambiente tinha ficado nervoso, no ti-ti-ti de intervalos de aula, nas saídas à cidade e no fato de as direções de escolas ficarem preocupadas com o ensino religioso e de moral e cívica, pois, em sua totalidade os professores eram os seminaristas que tinham 'jeito' e que podiam acompanhar os adolescentes para JEC (Juventude Estudantil Católica); JOC (Juventude Operária Católica); JAC (Juventude Agrária Católica). Alguns iam também a Ouro Preto para instrução das balzaquianas que era JIC (Juventude Independente Católica). Para este último mister somente poderiam ir os alunos de mais três décadas e já com tonsura.

O Bispo ia, às vezes, fazer refeição em comum com professores e alunos, quando se lia o *Martyrologium* em latim, tendo antes a cerimônia de se dirigir em latim ao episcopus com '*Jube Domine benedicere*'. E Dom Oscar falava uns dois minutos autorizando o leitor a subir ao púlpito para a leitura.

Nesse meio tempo, a mesa magna era servida com todos os protocolos de talheres e pratos. Estas normas eram ensinadas em uma aula noturna, após a bênção, uma vez por mês, no salão superior, utilizando-se de protocolos de embaixadas e do cerimonial do governo mineiro, que às vezes também comparecia.

Nesse decênio do fim, havia outras pessoas importantes no Seminário, falando sobre sociologia, economia, medicina pastoral e todas elas eram cumprimentadas com palmas ritmadas, imitando um trem que resfolegava e acertava a velocidade. Dom Oscar detestava, ouvindo esses sons do Palácio Episcopal. Chamava o reitor para explicações.

As defesas de teses de Filosofia e Teologia, feitas em latim, passariam a ser feitas em português. Dom Oscar falava meia hora em latim, demonstrando que era contra a mudança. As peças teatrais começaram a se revelar mais de cunho social do que romance. Foi feita uma exposição sobre o Jó bíblico e, como tinha teor marxista, Dom Oscar falou para todos, em convocação súbita, que era contra. Tal peça já tinha sido apresentada em Belo Horizonte e em algumas dioceses.

Três dias antes do fechamento, algumas aulas já não foram dadas. Havia inquietação em relação à prestação de serviço religioso nas paróquias próximas: Itabirito, Brumado, Acaiaca, Ouro Preto, Passagem. O povo já sabia que os professores seriam devolvidos a Petrópolis e que o seminário seria fechado. Anunciou-se isso na noite e foi dado um prazo de até cinco dias para os alunos retornarem às suas dioceses.

Os alunos representantes das dioceses que enviavam seminaristas receberam a notícia no começo da noite, mas que era para passar aos demais somente após a saída do reitor do Palácio Episcopal. Evidentemente que nenhum de nós fez essa reserva, que já não tinha sentido.

Eu estava no terceiro de Teologia, mas sem tonsura e sem ordens menores, justamente porque não queria usar batina quando fosse à cidade. Também queria trabalhar, como trabalhei com encadernação e como cobrador do jornal católico de Belo Horizonte, para ganhar uns trocados para poder viajar. Já tinha feito exames de ordem com o então disciplinário padre Lauro Palú. Nessa época o seminário já tinha elementos que praticavam pedofilia, frequência à casa da Zezé em BH e sodomia. Depois se confessavam por lá e frequentavam a comunhão na hora da missa. Muitos sabiam e ficavam rindo dos caras de pau.

Por esse motivo, Padre Lauro me perguntou no exame de ordens: 'no caso de sedução e outros, quem é a autoridade para abrir processo e prender o sacerdote ou até mesmo o clérigo'? Minha resposta: o Delegado de Polícia, conforme tinha sido ensinado nos livros de Direito Penal e Processual Penal. O padre ficou bravo, dizendo que a resposta correta seria o bispo diocesano, porque existe separação entre igreja e Estado. 'Sua nota é 7.'

Contra-argumentei. No Brasil, com o advento da República, a igreja está separada do Estado, e o Vaticano concordou com isso e foi o primeiro Estado a reconhecer a República. Padre Lauro: 'mas está errado, tua nota é 9'. (Padre Lauro não se lembra disso.) Com os certificados em mão, não aceitei a tonsura e as ordens. O bispo de Pouso Alegre mandou-me ir para Belo Horizonte, onde fiquei 15 dias. Depois Ipiranga, em São Paulo, onde fiquei 10 dias. Depois me mandou para casa estudar o 4° ano de Teologia e fazer exames em Mariana, com os novos professores, como em Direito Canônico, cujo conteúdo, naquela época, sabia praticamente de cor em latim e em português, inclusive com as notas de rodapé. Daí tornei-me conhecedor de Direito Romano e Direito Eclesiástico e sua história.

Voltando ao Sul de Minas lecionei em Pouso Alegre, Silvianópolis, Estiva e Congonhal. Estudei com jesuítas em São Paulo.

Eu ainda fiquei uns dias no seminário, após seu fechamento, porque tinha serviços de encadernação para entregar. Eram encomendas de bibliotecas de Ouro Preto, de Ponte Nova e da própria arquidiocese. Ficamos os três, Antônio Carlos Lima, Ramiro Canedo e eu. Os alunos que trabalhavam com couros ainda ficaram mais dias e entregaram os serviços de pastas e pochetes.

O Seminário já não dava 'janta' porque os padres tinham ido ou para o Seminário Menor ou para a paróquia do Calafate em BH. As freiras voltaram para os conventos. Não houve reposição de alimentos e administrou-se o seu fim. Aconselhamos aos empregados leigos a pedir na Justiça a indenização trabalhista. Parece que para alguns houve até pagamento atrasado de previdência e foram aposentados.

Os alunos 'voaram' pelo Brasil com violinos, violas de orquestra, contrabaixo, pistons e violões e viraram notícias de revista e jornais. O jornalista, ex-seminarista Orvindo de Oliveira, que se encontrava em Mariana para obter histórico escolar, foi juntamente com padre Borges, quem redigiu a primeira nota."

Você trabalhava na encadernação. Como era, dava algum dinheiro?

"Em Mariana, eu trabalhava para sobreviver. A diocese de Pouso Alegre não dava nenhuma ajuda e até mandava a gente pedir para o povo ajudar na compra da passagem a Mariana. E para pagar as despesas de estadia em Belo Horizonte, onde a gente tinha que dormir. A diocese apenas pagava o internato. Tive que me virar, dando aulas no ginásio de Mariana, encadernando livros e jornais e trabalhando no laboratório de fotografia, cujos produtos eram adquiridos em BH por nossa conta. Além disso, eu tinha 10 caixas de abelhas. O mel era comprado pelo próprio ecônomo da casa e até substituía a manteiga americana por duas semanas. Antônio Muanis e eu cuidávamos dessas caixas. Os padres proibiam utilizar do mel fornecido à rainha, pois naquela época já selecionávamos as rainhas e zangões europeus, afastando as africanas. Isto dava pouco mais de um salário e meio.

Nas férias era cartorário da arquidiocese em matéria de bens permanentes e de propriedades, mais registros de crismas do semestre. A remuneração era ¼ do salário mínimo mensal. A mesa episcopal recebia entre imóveis vendidos, crisma e participação das paróquias mais de 200 salários mínimos mensais. Muitos párocos reclamavam dessa obrigação muito onerosa.

Dom José D'Angelo comprou duas fazendas para criar burros adquiridos em Lagoa da Prata, terra dele e, nas pastorais, vendia do púlpito esses animais. O leite da fazenda era perseguido pelos fiscais, porque era proibido vender leite cru para o povo. A vigor conseguiu essa proeza e eram jogados azul de bromo timol em todos os galões. Resultado: falência. As duas fazendas de café, com muares e vacas de leite, foram vendidas, porque os empregados conseguiam provar que aquilo não era agrícola, mas empresa rural.

O Bispo dizia que tinha de manter o seminário, o palácio e terminar as torres da catedral e que segundo São Paulo o religioso vivia de esmolas. Sempre contra-argumentava dizendo que ele fazia redes para não ser pesado ao povo; que a diocese tinha terrenos de três cidades sem registro, por burrice. Na falta do registro paroquial, perdeu-se tudo.

Em compensação, fiquei especialista em usucapião e registro paroquial, com doações e sesmarias do Reino e do Império. Valeu muito quando fui juiz, em situações semelhantes.
Como vê, os que trabalhavam sofriam a sovinice de solidéus chauvinistas. Os colégios estaduais eram comandados pelos padres e o bispo recomendava que nós não fôssemos chamados a dar aulas, porque nos considerava subversivos. Tanto que eu ministrava aulas, cujas matérias ninguém entendia: física aplicada e geometria descritiva. A coisa melhorou quando fiz concurso para língua portuguesa. Após 6 meses fora do seminário, me afirmava ateu."

Em sua opinião, por que o seminário foi fechado? Havia desregramento de vida por parte dos seminaristas?

"O seminário foi fechado porque estava fora da realidade. Lembro-me de ter feito um trabalho muito grande em favor do reconhecimento profissionalizante do ensino filosófico e teologal, o que nenhum bispo queria, para não perder os padres. O mesmo ocorreu, quando demonstrei que a previdência do clero, como apresentada, chegaria à falência, como de fato chegou e o governo estabeleceu a obrigatoriedade da previdência do INPS.

Muitos bispos se movimentaram contra, eles que já recolhiam a previdência com ótimos salários nas faculdades privadas própria ou de terceiros. O chauvinismo permaneceu. Muitos professores morreram em rodovias federais e estaduais, porque tinham que se deslocar mais de cem quilômetros para estudar em cursos de final de semana. Tudo porque o bispo, reitor da universidade estadual, em conluio com as faculdades distantes já existentes não queria que se criassem novos cursos. Evidentemente que alguma propina correu por fora, mas o custo maior foram as mortes em rodovias mal-estruturadas e sem placas de sinalização. Hoje essas excelências recebem homenagens *post-mortem* e elogios muitos, o que poucos sabem é essa realidade, que presenciei dentro do próprio palácio. Há muita mentira e muito cinismo. O reitor estadual era contra a instalação até mesmo de faculdade de medicina, porque isto só podia ser feito nas capitais.

Voltando à vaca fria, o seminário foi fechado por incompatibilidade entre o bispo e os educadores. Vigários, como de Ouro Preto, avisavam o bispo de que nos dias de feriado, a zona de Ouro Preto tinha mais seminarista do que puta. O povo também comentava. A instrução de alunos de curso superior e ensino médio para um socialismo/marxista também era grande motivo. Muita velha-guarda era levada para dar aula sobre arquitetura das igrejas e sua imutabilidade frente às propostas do concílio. Como sempre há gente para tudo, até mesmo para inércia material e religiosa.

Já o desregramento é questão de conceito. Se se ficar apenas na observação de relacionamento humano e/ou sexualidade, havia muito em relação a normas da igreja e suas pretensões, quanto aos sacerdotes.

Um fato de conhecimento geral conta as aventuras de aluno amancebado com uma moça da região da Chácara, um bairro em Mariana. Ele fugia pela meia-noite, retornando pelas 5 da manhã, porque o despertar do internato era 05h15. O quarto nupcial era um puxado na casa e, quando o pai da virgem soube, queria matar o mancebo. Invadiu a porteira dos fundos dos hectares do seminário com um revólver calibre 22 na mão. O povo assistia da cerca de arame e o caseiro da horta pedia pelo amor de Deus para não fazer aquilo, pois ele não queria ser testemunha. A 'virgem', porém, gostava e queria ser levada para a terra dele, perto de Montes Claros."

Capítulo 14

Pacheco

Foi da sacada do hotel Normandy, que dá para a avenida Afonso Pena, em Belo Horizonte, que Antônio Pacheco dos Santos, da diocese de Januária, começou a compreender os riscos do engajamento político que alguns padres lazaristas de Mariana tanto falavam. Em 1968, Pacheco era presidente do diretório acadêmico Dom Helder Câmara do Instituto Central de Filosofia e Teologia da PUC Minas.

Junto com membros do comando do movimento estudantil, Pacheco escondia-se dos agentes da Ditadura. Sem experiência política, observava do Normandy a repressão militar à passeata, que por diversas vezes tomou conta do centro da capital mineira, principalmente em frente à igreja São José. Ele chegou à conclusão de que existia uma distância sideral entre os arrulhos do discurso revolucionário e a realidade das bombas de gás lacrimogêneo e dos cassetetes.

Em 1966, quando Mariana fechou, Pacheco não entendeu bem a coisa. Alguns professores pregavam a inserção da Igreja na luta contra a Ditadura. Estava com 19 anos de idade, no segundo ano de Filosofia. Concluíra o clássico no Seminário Menor Nossa Senhora de Todas as Graças em Montes Claros em 1964. Dos oito alunos da turma, seis pertenciam à diocese de Montes Claros, dois à de Januária. Normalmente, os

· 153 ·

sextanistas recebiam a batina e eram encaminhados para o seminário de Diamantina.

O bispo de Januária, Dom João Batista Przyklenk, dos Missionários da Sagrada Família (MSF), não andava satisfeito com o arcebispo de Diamantina, Dom Geraldo Proença Sigaud. Dom Przyklenk, um alemão de origem polonesa, situava-se em posição antípoda, como era do gosto dos seminaristas dizer para diferenciar os bispos progressistas daqueles tradicionalistas.

Dom Sigaud acabara de expulsar os padres lazaristas de Diamantina. Ele ordenara ainda que se fizesse o exorcismo com água benta e incenso nos aposentos dos seminaristas. E bandeou, de vez, para o lado da Tradição Família e Propriedade (TFP). O bispo de Januária não queria seus seminaristas naquele ambiente. Por isso, mandou Pacheco e outro aluno para Mariana em 1965, sem vesti-los da batina.

Dom Przyklenk gozava de grande prestígio na CNBB, que na época se dividia em grupos conservadores, moderados e progressistas. Era admirado e respeitado por todos. Viera para o Brasil na juventude, durante a guerra. Aqui fizera Teologia. Em Roma, fora secretário geral dos MSF, até sua nomeação para bispo de Januária.

Quando retornou ao Brasil em 1962, recorda-se Pacheco, falava português sem sotaque. "Ele era brilhante, falava doze idiomas, tinha a cabeça mais aberta do que os bispos que eu conhecia. Era um visionário dos novos tempos do concílio".

Os bispos que Pacheco conhecia então eram Dom José Trindade, de Montes Claros; Dom Oscar de Oliveira, de Mariana; Dom Sigaud, de Diamantina; e Dom Daniel Tavares, que saiu de Januária para Sete Lagoas. Todos eles considerados reacionários.

Pacheco guarda algumas lembranças de 1966. Aposentado do cargo de diretor de vara do Tribunal Regional do Trabalho de Minas Gerais, ele disse em 2015 que o fechamento de

Mariana foi mais uma consequência das desavenças entre o arcebispo Dom Oscar de Oliveira e os padres lazaristas do que da rebeldia dos seminaristas.

O estopim da crise, em sua opinião, não foi aceso pelos seminaristas, embora todos acompanhassem de perto as inovações propostas pelo Concílio Vaticano II. A origem era Diamantina, de onde o arcebispo Dom Sigaud, muito próximo a Dom Oscar, havia mandado os lazaristas embora, dois anos antes.

Em suas recordações, Pacheco classifica o ex-padre João Batista Ferreira, tido pelos seminaristas como de vanguarda, "inspirador de mudanças, que despertava consciência política na turma". Mais do que o padre Lauro Palú, pouco afeito à política, muito preocupado com o rigor do ensino.

Após o fechamento, Dom João Batista, de sobrenome complicado, com apenas uma vogal, propôs que Pacheco fosse estudar em Roma. A alternativa era o Seminário Coração Eucarístico de Belo Horizonte. Antônio Pacheco optou pela capital de Minas. Então, acompanhando as passeatas estudantis que assolavam o país, ele percebeu as diferenças entre os seminários. "Mariana era mais conventual; Belo Horizonte, mais secular".

De um seminário ou de outro, todos, porém, padeciam da ingenuidade política. Ninguém sabia bem o que queria. Ele próprio, confessa, foi empurrado para a presidência do diretório acadêmico por terceiros, militantes do movimento estudantil alheios aos dramas e questionamentos internos dos seminários.

De repente, colegas do Instituto Central de Filosofia e Teologia precisavam de pernas para escapar da polícia. Um deles, o Josias, organista de talento em Diamantina, ficou com as costas tatuadas pelos cassetetes. Outros foram detidos pela polícia. Logo, um grupo de religiosos agostinianos assuncionistas da Igreja do Horto, liderados pelo padre Michel Marie Le Ven, foram jogados na prisão por 72 dias.

Michel, Francisco Xavier Berthou, Hervé Croguenec e o diácono brasileiro José Geraldo da Cruz foram acusados de subversão pelo Departamento de Ordem Política e Social (DOPS), de Minas Gerais. Eles estavam engajados em movimentos sociais como a Juventude Operária Católica (JOC). O caso dos padres franceses, como ficou conhecido, ganhou repercussão nacional e a manifestação clara do arcebispo de Belo Horizonte, Dom João Resende Costa, em sua defesa.

Le Ven deixou o sacerdócio mais tarde e foi contratado como professor pela Universidade Federal de Minas Gerais (UFMG). José Geraldo da Cruz é bispo de Juazeiro, na Bahia. Segundo o *site* da diocese, ele é mineiro de Muriaé, onde nasceu em 1941.

Em 1954, aos 13 anos de idade, entrou no Seminário de Nossa Senhora de Lourdes, dos Assuncionistas, em Eugenópolis (MG), onde permaneceu até janeiro de 1960. Data em que foi enviado ao Chile, a Los Andes, para fazer o Noviciado. Em 1961, depois da profissão religiosa, ingressou no curso de Humanidades e Filosofia, em Santiago do Chile (El Golf); concluiu a Filosofia e fez o 1º ano de Teologia e Universidade Católica de Chile.

Em 1966, voltou ao Brasil para concluir o curso de Teologia no recém-criado Instituto de Filosofia e Teologia da Universidade Católica de Minas Gerais, em Belo Horizonte. Formou-se no final de 1968.

Foi ordenado sacerdote no dia 1º de maio de 1969, em Belo Horizonte, por Dom Serafim Fernandes de Araújo, acompanhado por Dom Artur Hortuis, A.A., na Igreja do Horto.

Ele foi ordenado, segundo o *site* da pastoral de comunicação da diocese, "sob a pressão do Regime Militar". Lembra o texto que, após seis anos no Chile:

> ao retornar para o Brasil, em plena Ditadura, apoiou a primeira greve de metalúrgicos do país, o que lhe rendeu dois meses de prisão e tortura. Um tempo sombrio, mas que ajudou a forjar a personalidade forte do futuro bispo da Diocese de Juazeiro.
>
> Como padre, após a redemocratização do país, assumiu diversas funções: vice-diretor de colégio, diretor de hospital, assistente geral da congregação e superior dos Assuncionistas no Brasil. Passou por países da África, América Latina e parte da Itália. Morou em Roma de 1987 a 1999. Retornando ao Brasil, em 2003 foi nomeado bispo da Diocese de Juazeiro pelo Papa João Paulo II.

O aluno do ICFT José Geraldo da Cruz era um dos liderados de Antônio Pacheco dos Santos naqueles dias conturbados de 1968.

Capítulo 15
Terra

No mesmo dia, no mesmo lugar, como se fosse Ernest Hemingway revisitando Havana. No domingo, 29 de junho de 2014, monsenhor Pedro Terra Filho comemorou o jubileu de diamante sacerdotal na Basílica de São Pedro, em Roma, onde sessenta anos atrás, na festa de São Pedro fora ordenado padre. As bodas tiveram, porém, um celebrante especial: o Papa Francisco.

Monsenhor Terra, que assistiu ao fechamento do Seminário Maior São José de Mariana, vivia, desde o dia anterior, emoções, da intensidade dos solavancos em jipes trafegando sobre costelas das estradas de terra de Minas. Elas testaram o vigor de seu coração octogenário. No sábado, a missa estava agendada para as 8h45min na capela Clementina.

Naquela mesma capela, Pedro Terra Filho foi ordenado em 29 de junho de 1954 em cerimônia presidida por Dom Benedito Zorzi, bispo de Caxias, no Rio Grande do Sul. O *Cachoeira*, informativo da família Silva Terra, em seu número 4 (26/11/2014) assim descreve a ordenação ocorrida na "basílica vaticana e na capela Clementina, situada na cripta exatamente debaixo do altar da Confissão. É o ponto mais próximo do túmulo do apóstolo São Pedro":

O acontecimento foi de total excepcionalidade: era o dia da festa oficial, a capela Clementina havia sido recentemente aberta à visitação pública. Foi necessária permissão pessoal do Papa Pio XII, obtida por intermédio do cardeal Tedeschini, arcipreste da Basílica. Segundo informação do monsenhor Vittorio Lanzani, atual administrador da Basílica, nunca mais algum sacerdote foi ordenado na referida capela e talvez nem mesmo antes. O evento foi registrado no livro de Tombo da Basílica.

Monsenhor Pedro Terra Filho entrou, repetidas vezes, em êxtase, em sua volta triunfal a Roma. Cenas em *flashback*, sem conta. No dia seguinte, festa de São Pedro, ele concelebrou na Basílica com o Papa Francisco e mais 200 concelebrantes entre cardeais, bispos e sacerdotes.

Diz o *Cachoeira* que o "Tio Padre via pessoalmente o Papa Francisco de perto, pela primeira vez. Ele proibiu palmas. Impressiona pela simplicidade, que reflete sua humildade. Cerca de 20 arcebispos receberam o pálio, dos quais dois do Brasil, os de Pouso Alegre, redentorista, e o de Porto Alegre, franciscano".

Mais informações retiradas do diário de viagem de monsenhor Terra e publicadas no informativo familiar:

> 30 de junho de 2014. Segunda-feira. Levantei-me pelas 5h15 e às 6h10 estava pronto, no portão do Santo Ofício, para a concelebração com o Papa. Às 6h30, o guarda suíço autorizou entrar, passei pelo gendarme (polícia) e logo me vi diante do prédio conhecido como Domus Sanctae Marthae, onde atualmente reside o Papa Francisco.
>
> Já lá estava um padre magro, com quem logo iniciei conversa. É da arquidiocese de Pádua e, pouco depois, chegaram seis colegas dele que estavam comemorando

50 anos de ordenação sacerdotal. Às 6h50 entramos para uma sala grande, onde nos paramentamos. Estola vermelha. Às 6h55 entramos na capela: é de uma arquitetura simples, moderna, em estilo gótico, muito agradável. À direita do altar está uma imagem da Madona com o Menino Jesus, em bronze, e do outro lado, o sacrário.

O Papa entrou às 7 horas. Ele manca um pouco, não é alto e fala muito baixo. Celebrou de maneira simples, como todos nós, padres... Fez homilia singela, em italiano, ressaltando o dever de ser testemunha dos que creem no Cristo. (Nessa hora, uma criança abriu o bué). Após a missa, começou o beija-mão. Primeiro os dois bispos, em seguida os padres de Pádua. Chegou a minha vez: me apresentei, disse rapidamente nome e motivo, pedi a bênção para mim e todos os meus, fui fotografado e fui saindo.

Terminava em *gran finale* a peregrinação do ex-professor do Seminário Maior de Mariana, monsenhor Pedro Terra Filho, à cidade dos Papas onde viveu no período de reconstrução da Itália após o final da Segunda Guerra Mundial.

Mineiro de Luminárias, na região de Lavras, nascido no ano de 1929 em data festiva para a França, 14 de julho, a Queda da Bastilha, ele teve a grande honra de ser enviado em 1 de setembro de 1950 pelo arcebispo de Mariana, Dom Helvécio Gomes de Oliveira, para estudar na Gregoriana em Roma.

Durante quase sete anos, morou no Colégio Pio Brasileiro, na Via Aurelia, 527, dirigido pelos padres jesuítas. De lá saiu mestre em Teologia Dogmática pela Gregoriana e mestre em Ciências Bíblicas pelo Instituto Bíblico de Roma. O regresso ao Brasil aconteceu em novembro de 1956.

Seu companheiro de viagem, José de Assis Carvalho, o Carvalhinho, não teve a mesma sorte. Deu tudo errado para ele, tudo por causa de denúncias clericais. Selecionado também para a Gregoriana, Carvalhinho foi acusado de professar a doutrina de Jacques Maritain, que nos anos 1950 levou cisão ao seio da Congregação da Missão. Um magote de padres trocou a batina preta dos lazaristas pelo hábito branco dos dominicanos.

Em Mariana, o arcebispo Dom Helvécio nem piscou: revogou a ida de Carvalhinho para Roma. Foi um choque. O anúncio da viagem de dois seminaristas marianenses para o Pio Brasileiro, após interregno de onze anos devido à guerra mundial iniciada em 1939, tinha sido motivo de muito festejo na arquidiocese.

Carvalhinho, que já se despedira de Cipotânea, sua cidade natal, se viu alvo da curiosidade malsã de todos quando reapareceu no seminário, de mala na mão. Penalizado, o reitor padre José Paulo Salles, CM, subiu ao palácio e acabou por convencer o arcebispo a voltar atrás. Ele recuou. Carvalhinho também seguiu para Roma e lá, por ser transparente demais em suas convicções, "levou gancho": o reitor do Pio Brasileiro comunicou a Dom Helvécio que seu seminarista não ia receber as ordens maiores.

Carvalhinho retornou ao Brasil em 1953, sem a ordenação sacerdotal. Com muito custo, Dom Helvécio permitiu que seu irmão, o também bispo Dom Daniel, o ordenasse padre e imediatamente o despachou para longe – Piranga. Aquela era considerada uma paróquia da roça, embora tivesse sido o lar de um dos mais importantes escultores barrocos de Minas, o Mestre de Piranga, redescoberto somente nos anos de 1980.

A via sacra de padre Carvalhinho prosseguiu com transferências, forçadas por perseguições, para Conselheiro Lafaiete e finalmente, Ouro Preto, onde sossegou. Foi padre, professor, casou-se e morreu. "Ele se manteve fiel à Igreja mesmo depois de todas as provações porque passou. Não sei se eu teria a mesma força se fosse comigo" – conta Pedro Terra.

Em 1957, *"Monsignore"*, o colega afortunado, estreou no magistério, lecionando hebraico e Sagradas Escrituras em seminários brasileiros. Foi professor de 16 bispos – alunos dos seminários maiores de Mariana e de Belo Horizonte, entre eles, os arcebispos Dom Geraldo Lyrio Rocha, de Mariana; Dom João Bosco Oliver de Faria, de Diamantina; Dom Luiz Mancilha Vilela, de Vitória, no Espírito Santo; e os bispos Guilherme Porto, de Sete Lagoas, e Odilon Guimarães, emérito de Itabira – Coronel Fabriciano.

Dava-se muito bem com Dom Oscar de Oliveira, que lhe deu o título de cônego, até cair vítima da *"invidia clericalis"*, a futrica movida por inveja entre os clérigos. No primeiro semestre de 1966, o Concílio Vaticano II, encerrado em dezembro passado, soprava ventos para a renovação da face da Igreja. Durante o retiro dos padres da arquidiocese de Mariana, em que o pregador foi o redentorista Dom José Gonçalves da Costa, secretário geral da CNBB, padre Pedro Terra organizou uma pesquisa para colher a opinião do clero sobre o uso da batina.

Praticamente, todos os padres posicionaram-se a favor de sua desobrigação. Dom Oscar vangloriava-se de que seu clero gostava de andar de batina e a pesquisa mostrava o contrário. Mesmo alguns padres idosos que queriam continuar a vesti-la, consideravam oportuna a liberalização, em vista das mudanças conciliares.

Terra escolheu, com dedos de garimpeiro, dois padres para levarem o resultado da pesquisa ao arcebispo. Um deles, o padre Higino, de João Monlevade, gozava da intimidade de Dom Oscar de quem fora colega no Pio Brasileiro, em Roma. "E José Higino de Freitas foi aprovado na Gregoriana *cum laude*" – conta o pesquisador.

Nada disso adiantou. O arcebispo nem recebeu os emissários, reagindo com indignação: "Isso é coisa do Terra".

Dois outros padres haviam informado a Dom Oscar de que o padre Pedro Terra estava colhendo assinaturas em um abaixo-assinado contra ele. Envenenado pela mentira, Dom Oscar nunca mais manteve uma relação amistosa com o padre que, por sua baixa estatura e aparência juvenil, os seminaristas chamavam de Terrinha.

Ainda naquele ano, Terrinha solicitou ao arcebispo autorização para mudar de diocese. Iria para Belo Horizonte, conforme entendimentos com Dom Serafim Fernandes de Araújo, então auxiliar de Dom João Resende Costa e mais tarde cardeal arcebispo da capital de Minas. "Por querer se livrar de mim, Dom Oscar assinou imediatamente a petição".

Em Belo Horizonte, foi designado professor da PUC e capelão do Colégio Militar. Em 2014 foi homenageado com o título de "Capelão Honorário da Guarnição", durante visita do arcebispo militar do Brasil, Dom Fernando José Monteiro Guimarães, ao comando da 4ª Região Militar. O arcebispo de Belo Horizonte, Dom Walmor Oliveira de Azevedo, concedeu-lhe em 2010 o título de monsenhor.

Monsenhor Terra, o senhor estava no Seminário Maior São José de Mariana em 1966?

"Estive ausente de Mariana e do Brasil no período de julho de 1964 a fevereiro de 1966. Com bolsa da Fulbright, frequentei o curso de Literatura Americana na Loyola University, de Chicago. Fiz nove cursos para o MA – Master of Arts, com nota B. Em outubro de 1965 me transferi para Bonn, na Alemanha, onde permaneci até fevereiro de 1966. Lá me matriculei, como ouvinte, no curso ministrado pelo professor Heinrich Schilier, autoridade máxima na exegese da carta de São Paulo aos Gálatas. Antes de deslocar-me para a Alemanha, passei algumas semanas em Roma, com os bispos brasileiros, alojados na Domus Pacis, participando do Concílio Vaticano II.

Regressando ao Brasil, apresentei-me a Dom Oscar, que me mandou reassumir a cadeira de Exegese Bíblica (os dois Testamentos) no Seminário São José, onde passei a residir. Éramos dois professores do clero diocesano: cônego Mauro Faria, no Direito Canônico, e eu. Ele residia no Seminário Menor."

Como encontrou o Seminário Maior no início do ano letivo de 1966?

"Estava superlotado de seminaristas; salvo engano, 133 alunos, provenientes de diversas províncias eclesiásticas, inclusive do Nordeste, onde seminários haviam sido fechados. É bom lembrar que as acomodações foram construídas para abrigar no máximo 60 alunos. O reitor era o padre Almeida. Encontrei, como professores, alguns padres lazaristas muito jovens, que eu ainda não conhecia. Lembro-me dos padres Luciano, João Batista e Márcio Grossi. Eles tinham terminado cursos no exterior, em Roma ou Paris.

O primeiro semestre transcorreu com algumas solicitações dos seminaristas, entre outras, a retirada da batina no uso diário, jogar futebol sem guarda-pó e diversas outras. Reclamavam, sobretudo, a implantação das novas normas do Concílio Vaticano II na pastoral e na liturgia. Nada foi atendido."

E o segundo semestre?

"O segundo semestre de 1966, já nos primeiros dias de agosto, foi sacudido com mais exigências de mudanças. Elas eram apresentadas sobretudo nas aulas do curso de Filosofia nas três turmas, com insistência e até insolência. Os teólogos, para quem eu lecionava, eram mais prudentes. Queriam sair nos fins de semana e trabalhar nas paróquias, dando cursos de catequese e liturgia.

Por volta do dia 8 de agosto, um dos jovens professores da Filosofia, por iniciativa própria, fez uma pesquisa de opinião sobre alguns temas (reclamações) apresentados pelos alunos do primeiro ano. Não me lembro exatamente quais foram as perguntas, mas o que você acha do seminário, dos votos para o sacerdócio e outros assuntos polêmicos, que eles, com frequência, apresentavam nas aulas. Este professor levou ao reitor as opiniões dos alunos.

Diante das respostas, o padre Almeida determinou que na segunda-feira, na primeira aula, cada professor propusesse as mesmas questões aos seus alunos. Desta maneira, simultaneamente, conheceria a opinião de todos os alunos dos três cursos de Filosofia e dos quatro da Teologia. Eu, no início da aula, agi como fora determinado. Recolhi as folhas de caderno, não li as respostas. Simplesmente as passei ao reitor.

Recolhido o material, uma equipe de três professores procedeu à análise das respostas. Os alunos reclamavam de tudo, criticavam tudo desde a liturgia, a pastoral, a disciplina e até as autoridades eclesiásticas (bispos). Na reunião do corpo docente, o reitor tornou público que mais de 70 por cento rejeitavam totalmente o sistema formativo do seminário. Em resumo, firmavam que o seminário estava muito bom para a Idade Média, mas inútil para o mundo contemporâneo.

Devo observar que o santo e venerado padre Avelar não participava nas reuniões e nem apresentou qualquer parecer. Prevaleceu a opinião de que se estava malhando em ferro frio. Estava presente e atuante uma mentalidade estranha e subversiva, até então desconhecida, e que semelhante mentalidade se expandia profundamente no corpo discente. Era necessário tomar atitude radical. Como solução foram acordados alguns pontos:

1) Enviar todos os alunos de volta aos respectivos bispos.
2) Receber de novo somente os alunos pertencentes à província eclesiástica de Mariana. Seriam cerca de 50.

3) Redigir novo regimento interno adaptado para a formação de acordo com as normas e espírito do Concílio Vaticano II.
4) O reitor e mais dois professores lazaristas iriam procurar Dom Oscar e a ele apresentar as sugestões."

Qual foi a reação de Dom Oscar?

"Eu não estive nesta comissão e digo o que dela ouvi: que o senhor arcebispo inicialmente não concordou com as sugestões. Diante dessa atitude, o reitor teria perguntado ao senhor arcebispo se gostaria de ouvir algumas opiniões escritas pelos alunos. Lidas três ou quatro, uma delas veemente crítica a ele, determinou que se cumprisse o proposto e mais:

 a. Constituir uma comissão de dois ou três professores, incumbida de pessoalmente informar os senhores bispos e inclusive o senhor Núncio Apostólico a respeito do que iria acontecer.

 b. Fechar o seminário no dia 9 de setembro.

 c. Reabrir em 9 de outubro

 d. Prolongar o ano letivo até janeiro de 1967."

E o que aconteceu depois?

"Eu aproveitei o inesperado mês de férias, fui dar alguns passeios. Na última semana de setembro, o padre Almeida pediu audiência ao senhor arcebispo para levar-lhe o esboço do novo regulamento. O pedido de audiência foi reiterado diversas vezes por telefone e, já pela metade do mês de outubro, recebeu a resposta de que estava aguardando orientação de Roma e se mantivesse no aguardo. Lá se foi o mês de outubro, o mês de novembro chegava ao fim. No início de dezembro, o reitor foi chamado a palácio e recebeu a comunicação de que, por rescrito de Roma, os lazaristas estavam dispensados do serviço nos dois seminários."

Qual é sua opinião a respeito do fechamento do seminário?

"Eu amo a minha arquidiocese de Mariana. Além do dever de gratidão por me ter mantido em Roma durante seis anos, quando dos meus estudos de Teologia e Ciências Bíblicas, tenho raízes pessoais com a cidade: minha avó materna, Maria Ambrosina do Nascimento, nasceu em Passagem de Mariana, foi acolhida, desde os seis anos, no Orfanato das Irmãs Vicentinas, de onde saiu para casar-se com meu avô, Joaquim Pedro da Silva, em 24 de fevereiro de 1881, na velha capela do Colégio Providência em cerimônia oficiada pelo então vigário-geral, depois bispo Dom Silvério Gomes Pimenta.

Eu fui o último secretário de Dom Helvécio Gomes de Oliveira e dele ouvi mais de uma vez o quanto de economia representava para a arquidiocese o trabalho de 14 padres lazaristas nos dois seminários: economia em custo monetário e em pessoal. Cada padre percebia algo como meio salário mínimo. A congregação trabalhava no sacrifício. 'Nas crises com comunidades de religiosos', me dizia ele, 'o bispo não enfrenta o grupo todo de uma vez, mas anula dois ou três indivíduos'.

Eu então me lembrava de quando seminarista maior, no período de 1947 a 1950, eclodiu no Seminário São José a crise 'maritainista'. Dom Helvécio solicitou ao Visitador que substituísse padre Lage, padre Josaphat e padre Guglielmelli... e enviasse outros. Eu me pergunto se esta não teria sido a melhor solução na crise de 1966."

O monsenhor queixa-se de não ter sido ouvido pelo arcebispo. Afirma que abrir mão dos lazaristas, após mais de cem anos de bons serviços, foi uma decisão intempestiva, irrefletida e solitária. O monsenhor nem imagina, mas segundo uma fonte da cidade de Mariana, Dom Oscar de Oliveira ouviu um grupo seleto de amigos e de consultores que compunham sua corte.

O cônego Nelson Quinteiro foi um deles. Flávio Trindade dos Santos, sobrinho do cônego Raimundo Trindade, ordenado na catedral em 29 de junho de 1966 e mais tarde frade capuchinho em Belo Horizonte, foi outro. Padre Avelar ia a palácio toda tarde religiosamente.

Dois leigos, de quarto e cozinha do arcebispo, como se diz na Cidade dos Bispos, também puderam externar sua opinião sobre a crise do seminário: Mestre Vicente, regente da Banda São José, e Dona Luzia. Atribuem a ela a denúncia de que havia seminaristas frequentando a zona boêmia.

A corte teria aconselhado o arcebispo a dispensar os lazaristas, "pois pior que os alunos eram os padres do seminário".

Capítulo 16
Geraldo

Era para o capixaba Geraldo Lyrio estar no Seminário Maior São José, em setembro de 1966. Não estava. Encontrava-se em Roma, em universidades pontifícias. O destino do futuro arcebispo de Mariana, Dom Geraldo Lyrio Rocha, começou a mudar no Carnaval de 1957, em decorrência do tratamento dispensado aos seminaristas de Vitória pelo padre Ézio Rodrigues de Lima, CM., reitor do Seminário Menor Nossa Senhora da Boa Morte.

Corria o mês de fevereiro. Fernando Grahin Cavalcanti, pai do Camilo, da seleção brasileira de futebol de areia, chegou a Mariana na semana da folia. Chefiava uma caravana de 18 seminaristas da diocese de Vitória, criançolas de 15 a 16 anos.

> Pegamos o trem em Vitória, fizemos baldeação em Nova Era e continuamos para Belo Horizonte. Viajamos sozinhos, numa época em que garoto nessa idade era criança. De BH, seguimos para Mariana. Quando chegamos ao Seminário Menor, o reitor, padre Ézio, não deixou a gente entrar. Disse que nosso bispo, Dom José Joaquim Gonçalves, estava com o pagamento atrasado da pensão de seus seminaristas. Sem colocar o débito em dia, ninguém entraria.

Os adolescentes foram barrados na portaria do velho Seminário Menor Nossa Senhora da Boa Morte. As dioceses faziam pagamentos semestrais das despesas de seus seminaristas. O padre Ézio Rodrigues de Lima, CM, não se compadeceu nem quando soube que o grupo fora visto vagando pela cidade, com fome e sem dinheiro.

> Eu era o mais velho da turma. Levei todo mundo para a estação ferroviária, aguardando uma solução. Ficamos por lá sentados nas malas. Tinha menino querendo chorar. Escurecia, fazia frio. Uma alma bondosa, o padre Álvaro Barros, nos acolheu no Colégio Providência, das irmãs, e lá dormimos em colchões no chão.

Os garotos entraram em contato com o cônego Acácio Moraes, diretor do Seminário Nossa Senhora da Penha, em Vitória. O padre Ézio, durão: "só entram, com dinheiro na frente". Finalmente, o problema foi resolvido. "Pudemos entrar, fomos reintegrados na turma dos médios, a mesma turma do Maurílio Camêllo e do Tilden Santiago, que se ordenaram padres e depois se casaram".

O arcebispo de Mariana e ex-presidente da CNBB, Dom Geraldo Lyrio Rocha, confirma a história do Fernando Cavalcanti.

> Acompanhei, de Vitória, o desespero dos meninos, vagando em praça pública durante o Carnaval. O Gerson Camata, mais tarde governador do Espírito Santo e senador da República, integrava o grupo dos alunos impedidos de entrar no seminário.
>
> Por causa do episódio, nosso bispo, Dom João Batista Motta, chamou seus seminaristas menores de volta. Era para a gente estudar em escolas públicas de Vitória. Dom João Batista, um progressista, entendia que não

se devia isolar os seminaristas do convívio de moças. Alguém observou que, pela superioridade escolar, tomaríamos o lugar de alunos carentes. Passamos, então, a estudar no Colégio Salesiano Nossa Senhora da Vitória. Não mandou mais ninguém para Mariana.

Essas lembranças vieram ao arcebispo, durante jantar em Belo Horizonte, após receber a homenagem da Assembleia Legislativa de Minas, com a Ordem do Mérito Legislativo, em 28 de setembro de 2015.

Padre Ézio, que além de reitor era regente da banda de música do Seminário Menor, seguia à risca a observação feita pelo apóstolo Pedro ao centurião romano Cornélio, em Cesareia – Deus não discrimina a ninguém, judeu ou gentio. Padre Ézio também não fazia acepção de pessoas, quando se tratava de zelar pelas finanças da casa.

José Maria Cunha, advogado em São Bernardo do Campo, no estado de São Paulo, conta que, a exemplo da turma de Vitória, ele e seu grupo da diocese de Pouso Alegre também foram barrados no baile.

Aconteceu em 1957. Era fevereiro, próximo ao Carnaval. Era início da noite. A iluminação de Mariana, sofrível na época, nos guiou até o Seminário Menor. Éramos quatro novatos, vindos do Seminário Nossa Senhora Auxiliadora, de Pouso Alegre. Todos neófitos de longas viagens e ainda moleques. José Pereira Rocha e Venício Gonçalves tinham mais ou menos 17 anos. Antônio Claret Rezende, mais ou menos 16 anos, e eu, José Maria Cunha, 15 anos. Como nosso guia, mentor, deão e salva-vidas, tínhamos o Sérgio Machado Dias, que não era novato em Mariana. Ia iniciar a sexta série e nós quatro, a quarta série.

Para nós, os novos, tudo era estranho. Estávamos em outra galáxia, cercados de velharias por todos os lados. Ao chegar ao Menor fomos recebidos pelo porteiro, o senhor Estêvão, quase o corcunda de Notre-Dame, ele de saudosa memória. Foi curto e certeiro: "Olha! Se vocês não trouxeram o dinheiro da anuidade do Seminário, podem voltar, que o padre Ézio Rodrigues de Lima deixou ordem para receber somente os com dinheiro". Mas que dinheiro! Nem ao menos para um sanduíche de mortadela, o tínhamos! Em pânico total voltamos para a cidade, com o Sérgio tentando nos acalmar. Naquela hora se dinheiro tivéssemos, teríamos é voltado para Pouso Alegre.

Não me lembro de onde surgiu a ideia, mas o Sérgio achou de procurar Dom Daniel Baeta Neves, então bispo auxiliar de Dom Helvécio. Dom Daniel nos encaminhou para a residência do cônego Vicente Dilascio, cura da cátedra, e de seu irmão e auxiliar padre Paulo Dilascio. A casa deles era no portão de entrada do Seminário Maior. Até hoje, passados cinquenta e oito anos, ela permanece lá.

Cônego Vicente e padre Paulo nos acolheram com a generosidade que, depois viríamos a saber melhor, lhes era peculiar. Proveram-nos de comida e cama por dois dias. Nosso bispo era Dom Otávio Chagas de Miranda, que, na época, tinha, não me lembro, como auxiliar ou coadjutor Dom Oscar de Oliveira, que, anos depois, viria a ser arcebispo de Mariana, sob cuja égide se deu a diáspora. Sérgio se comunicou com Dom Oscar, via telegráfica. A comunicação mais rápida, na época. Dom Oscar, de seu turno, telegrafou para o padre Ézio, que autorizou nossa entrada no Seminário. Era o fim da primeira epopeia marianense. Outras se seguiriam, como acostumar-se com o novo seminário, com novas pessoas, com novos hábitos, inclusive a batina. Mas isto é outra história.

Para auxiliar a memória de José Maria Cunha, Dom Otávio Chagas de Miranda, nascido em Campinas em 1881, foi o terceiro bispo de Pouso Alegre, nomeado em 1916. Ele governou a diocese por 43 anos, até sua morte em outubro de 1959. Dom Oscar de Oliveira, sagrado em agosto de 1954 na catedral de Mariana, chegou a Pouso Alegre em outubro do mesmo ano como bispo auxiliar. Permaneceu em Pouso Alegre até 1960, quando o Vaticano nomeou Dom José D'Angelo Neto para lá. Em 1962, o Papa Paulo VI o elevou a arcebispo e criou a arquidiocese de Pouso Alegre. Segundo o *site* da arquidiocese, "Dom Oscar gostava de se denominar 'Bispo-Vigário' ou 'Báculo da Senectude' de Dom Otávio."

Mistérios da vida. A diocese de Vitória elegeu o Seminário Arquidiocesano Coração Eucarístico, da capital mineira, como novo destino de seus vocacionados e ali matriculou Geraldo Lyrio Rocha para o curso de Filosofia. Geraldo tinha 18 anos de idade. Conhecido como Seminário da Gameleira, por causa do nome do bairro, o Coração Eucarístico foi fundado em 1923 pelo arcebispo Dom Antônio dos Santos Cabral, recém-transferido de Natal.

Suas acomodações, modernas e confortáveis, foram projetadas para oferecer quartos individuais, com lavabo, aos seminaristas maiores. Quando Geraldo Lyrio ali chegou em 1960, era reitor do seminário maior o padre Hélio Angelo Raso e, do menor, o padre Arnaldo Ribeiro, feito bispo de Ribeirão Preto na década de 1980. O Coração Eucarístico destacava-se como um centro avançado de formação presbiteral, moderno e aberto, sob a direção de padres diocesanos e do arcebispo Dom João Resende Costa.

A diferença para Mariana? O arcebispo Dom Geraldo Lyrio Rocha vai direto ao ponto: "Enquanto em Belo Horizonte nós líamos Jacques Maritain, em Mariana lia-se Gustavo Corção".

Em 1966, quando estourou a crise em Mariana, já se lia Maritain à sombra das palmeiras do Seminário São José. Belo Horizonte seguia na linha de frente, agora com padre Arnaldo Ribeiro, como reitor do seminário maior, encabeçando um time de professores selecionados a dedo na elite do clero da capital mineira.

Padre Reginaldo Pessanha, que a convite de Geraldo Lyrio passou dias de descanso em Fundão, no Espírito Santo, conta como foi sua experiência na reforma do Coração Eucarístico:

> Padre Arnaldo só aceitou o cargo de reitor se mudasse toda a equipe. Ele me convidou e eu aceitei participar do grupo. Indiquei o padre William Silva, que voltava do Rio e era assistente da JOC latino-americana. Faziam parte também da equipe os padres Alberto Antoniazzi, Frederico Ozanan, Augusto Pinto Padrão e Virgílio Uchoa.
>
> Conversando com padre William, tomamos a decisão de aceitar seminaristas de Mariana e de outras dioceses ainda que viessem carregados de raivas e de traumas. A ideia era ajudá-los pelo menos a se tornarem bons cristãos.
>
> William disse só aceito com a condição de formar uma comunidade sacerdotal, convidando os alunos a participar dela para poderem discernir a vocação. A equipe manteria o nome dos cargos e a estrutura que o seminário exigia para efeito de aceitação por Roma. Éramos todos iguais e nos comprometíamos de assumir a posição da maioria. Toda segunda-feira nos reuníamos o dia inteiro. Pela manhã, avaliação da semana passada. À tarde, planejávamos a próxima. Concelebrávamos todos os dias e cada dia um fazia a homilia. Vida toda centrada na celebração da Páscoa; e no final de semana nos integrávamos nas atividades paroquiais.

Reginaldo lembra-se que padre Arnaldo, embora fosse o reitor, foi voto vencido na modernização da vida seminarística. "Ele aceitou de olhos molhados, curvando-se à vontade do grupo. Com a maior dignidade. Ele era tridentino".

Mas padre Arnaldo Ribeiro jamais perdoou Reginaldo por não se alinhar com ele nas votações do grupo: considerou uma traição. E disso nunca mais se esqueceu, sobretudo depois que foi feito bispo auxiliar de Belo Horizonte em 1975. Reginaldo Pessanha exilou-se em Salvador, na Bahia, e só regressou a Belo Horizonte em 2014.

Geraldo Lyrio Rocha partira para Roma em 14 de setembro de 1963. Seu embarque, no porto do Rio de Janeiro, aconteceu envelopado em vaticínio medonho, que azedou os dias a bordo do *Federico C*, maravilha de navio de bandeira italiana. O teólogo capixaba hospedou-se no Seminário São José do Rio Comprido, onde seu bispo, Dom João Batista da Mota Albuquerque, fora professor e diretor espiritual.

> Uns colegas da Bahia, que também embarcariam, me ofereceram carona no táxi que veio apanhá-los. O motorista era amigo deles. Eu aceitei. No percurso, o motorista percebeu que íamos de mudança para o exterior e se abriu em uma confidência que estragou minha viagem para Roma: não contem para ninguém, mas os militares estão preparando um golpe contra o governo do presidente João Goulart. Eu trabalho no gabinete do ministro da Guerra, Costa e Silva e ouvi isso. Vão depor o presidente da República e assumir o poder no Brasil. Contei o segredo ao arcebispo Dom João Batista. Ele estava em Roma para as reuniões do Concílio Vaticano II e subestimou: se houver um golpe, será da esquerda que está toda do lado do Jango.

A viagem durou onze dias. O desembarque na Itália aconteceu no dia 25 de setembro, no porto de Gênova.

Enquanto o episcopado redefinia o futuro da Igreja nas assembleias conciliares, Geraldo Lyrio, residente no Colégio Pio Brasileiro de Via Aurelia, não perdeu a oportunidade de aprofundar seus conhecimentos nas academias pontifícias. Fez Teologia na Pontifícia Universidade Gregoriana, criada em 1551 pelos jesuítas; mestrado em Filosofia pela Pontifícia Universidade de São Tomás de Aquino, conhecida por "Angelicum", fundada em 1577; e especialização em Liturgia no Pontifício Instituto Litúrgico do Ateneu de Santo Anselmo, fundado pelos beneditinos em 1896.

A ordenação sacerdotal aconteceu em 15 de agosto de 1967, em Fundão, sua terra natal, localizada na região da Grande Vitória. Entre o mar e a montanha, Fundão remonta aos dias da catequese dos jesuítas no Espírito Santo. Com o nome de Aldeia dos Reis Magos, fundada pelo padre jesuíta Afonso Braz em 1556, depois redenominada Nova Almeida, Fundão permanece como endereço favorito das férias do arcebispo.

A mitra chegou-lhe em 1984, eleito bispo auxiliar de Vitória pelo Papa João Paulo II. Entre os consagrantes, Dom Arnaldo Ribeiro, seu professor do seminário em Belo Horizonte. João Paulo II o transferiu duas vezes: em 1990 para ser o primeiro bispo de Colatina, no Espírito Santo; em 2002, o fez arcebispo de Vitória da Conquista, na Bahia.

Em 11 de abril de 2007, o Papa Bento XVI o levou para o "áureo trono" de Mariana, o primeiro bispado de Minas e o sexto do Brasil, criado em 6 de dezembro de 1745, por Bento XIV. O Papa assim se expressou na bula endereçada a Dom Frei Manuel da Cruz, transferindo-o do Maranhão para lá:

> A igreja marianense, nas Índias Ocidentais, pertencente por fundação e dotação ao padroado de nosso

caríssimo filho em Jesus Cristo, João, rei de Portugal e dos Algarves, há pouco por nós erigida e instituída por moto próprio, com pleno conhecimento e em virtudes do poder apostólico, encontra-se ainda desprovida de pastor. Nós, para não deixá-la exposta a longa vacância, e no empenho de provê-la convenientemente em pessoa capaz, depois de diligente deliberação tomada com nossos veneráveis irmãos os cardeais da Santa Igreja Romana, tendo em consideração, não só o mérito das grandes virtudes com que Deus largamente te ilustrou, mas ainda os benefícios que teu louvável governo liberalizou à diocese do Maranhão, para a tua pessoa, com paternal solicitude volvemos os olhos de nossa mente, certo de que, guiado pelo Senhor, com sabedoria e boa vontade, saberás reger e governar, feliz e proveitosamente, a diocese de Mariana.

Mais à frente, o Sumo Pontífice exorta Dom Frei Manuel da Cruz, após recomendar-lhe prover a catedral "de todo o necessário para o serviço de culto divino e para os pontificais" bem como a construção do palácio episcopal: "Queremos, finalmente, que ponhas particular empenho em dotar a tua diocese de um seminário, como o exige o Sagrado Concílio de Trento".

Sobre Bento XIV, "Bispo, Servo dos servos de Deus", escreve o cônego Raimundo Trindade, diretor do Museu da Inconfidência de Ouro Preto:

> O sábio e prudente Bento XIV (1740 – 1758), eleito depois de um conclave de seis meses, trabalhou seriamente no melhoramento do clero, restabeleceu pela moderação as boas relações da Santa Sé com diferentes cortes. Concedeu a Dom João V o título de Rex Fidelissimus (1740) e o direito de prover todos os bispados e benefícios vagos no seu reino (TRINDADE, 1953, p. 75).

Nasceu Mariana, a pedido do rei de Portugal, Dom João V, logo depois dos bispados da Bahia (1555), do Rio de Janeiro (1676), de Olinda (1676), do Maranhão (1677) e do Pará (1679). Até entao, Mariana subordinava-se à diocese do Rio de Janeiro. No relato do cônego Raimundo Trindade, "Minas estava já bastantemente desenvolvida, com mais de quarenta paróquias e com uma população que orçava por trezentas mil almas", segundo dados do Recenseamento do Brasil, publicado no Rio em 1922.

Para tornar-se sede de bispado, Dom João V antecipou-se à bula papal e elevou a cidade a antiga Vila do Ribeirão do Carmo. Em ordem régia escrita em Lisboa em 23 de abril de 1745, reproduzida por cônego Raimundo Trindade, diz o rei português ao Governador e Capitão General das Capitanias do Rio de Janeiro e Minas Gerais, Gomes Freire de Andrade: "fui servido criar cidade a dita Vila do Ribeirão do Carmo, que ficará chamando-se Mariana".

Conclui, o historiador Trindade: "Mariana foi, pois, por ser episcopal, a primeira e única cidade de Minas, nos tempos coloniais". Somente três anos depois de sua criação, Mariana conheceu seu bispo, o cisterciense Dom Frei Manuel da Cruz, transferido de São Luís do Maranhão.

"A transferência de Dom Frei Manuel da Cruz significou-lhe uma promoção" – assinala monsenhor Flávio Carneiro Rodrigues, em *O copiador de Dom Frei Manoel da Cruz*: "De fato, Minas era então uma ou a mais próspera das Capitanias da Colônia".

O prelado cisterciense somente partiu de São Luís do Maranhão em 3 de agosto de 1747, dois anos passados de sua nomeação. Culpa do "correio vindo de Portugal através das frotas, e porque também, como confessou a um monge seu confidente, não tinha dinheiro suficiente para adquirir cangalhas, selas e canastras e nem tinha como toma-lo emprestado", segundo monsenhor Flávio.

A viagem para Minas, no relato de cônego Raimundo Trindade, foi "uma odisseia assustadora, de catorze meses, através de quatro mil quilômetros de aspérrimos sertões, raro ou nunca trilhados pelo homem civilizado". Monsenhor Flávio Carneiro Rodrigues precisa melhor os dados da viagem: "800 léguas, 4.800 quilômetros aproximadamente, coberta em 14 meses e 12 dias e sobre o lombo de animais". Na comitiva, dois cônegos, alguns padres, alguns fâmulos e oito escravos.

Ele apeou do cavalo em Mariana doente e fragilizado em 27 de fevereiro de 1748, segundo monsenhor Flávio, e, acrescenta cônego Trindade, "seguido de mais de mil cavaleiros, do ouvidor de sua comarca e de numeroso clero, gente luzida que, vestida de gala, em vistosa tropa, o acompanhou à cidade". Os feitos da viagem e as festas da posse são celebradas no livro *Áureo trono episcopal*, de autor desconhecido, uma antologia de textos publicada em 1749, em Lisboa, a mando do padre Francisco Ribeiro da Silva, um sacerdote português do arcebispado de Braga.

Segundo o site da arquidiocese, "a mesma bula Papal que criou a diocese de Mariana (*Candor Lucis Aeternae*) criou também o bispado de São Paulo. Depois de cento e sessenta anos, foi elevada à categoria de arquidiocese, juntamente com o bispado de Belém do Pará, por um mesmo documento pontifício (*Sempiternam Humani Generis*, de São Pio X, 1/5/1906)".

Dom Geraldo Lyrio tomou posse em 23 de junho de 2007, como 13º bispo e 5º arcebispo de Mariana. O Vaticano colocou-o na sucessão iniciada por Dom Frei Manuel da Cruz, com estrelas de primeira grandeza como Dom Antônio Ferreira Viçoso, Dom Silvério Gomes Pimenta, Dom Helvécio Gomes de Oliveira, Dom Oscar de Oliveira e Dom Luciano Pedro Mendes de Almeida. Assumiu a chefia da Arquidiocese Primaz de Minas já eleito pelos seus pares, em maio, presidente da

Conferência Nacional dos Bispos do Brasil (CNBB), a representação máxima episcopal do país.

Sua transferência de Vitória da Conquista para Mariana alinha-se com a tradição de Dom Frei Manuel da Cruz, fundador do seminário em 1750, e com a descrição do primeiro arcebispo, Dom Silvério Gomes Pimenta, para seu sucessor no áureo trono. Em artigo publicado no jornal católico *O Diário*, em 23 de março de 1951 sobre o bicentenário do Seminário de Mariana, o então cônego Oscar de Oliveira diz: "Consultado D. Silvério sobre quem preferiria para seu coadjutor, respondera: – Um que goste dos seminários".

Esta característica parece o cartão de visita dos bispos marianenses. Novamente no Maranhão, de onde viera Dom Frei Manuel da Cruz, o Vaticano foi buscar um sucessor à altura do gosto do arcebispo negro, eleito para a Academia Brasileira de Letras. Dom Helvécio Gomes de Oliveira gostava tanto de seminário que construiu e inaugurou em 1934 o prédio atual do Seminário Maior São José.

Por certo, a sargenteação nos seminários capixabas pesou, junto ao Vaticano, para o deslocamento de Dom Geraldo Lyrio da arquidiocese baiana de Vitória da Conquista para Mariana, satisfazendo, assim, o perfil de bom sucessor descrito por Dom Silvério. Logo após a ordenação, morou na república que a arquidiocese de Vitória montou em Belo Horizonte para seus seminaristas maiores, alunos do Instituto Central de Filosofia e Teologia. "Foi uma experiência interessante", garante.

No Seminário Nossa Senhora da Penha, foi diretor espiritual de 1967 a 1969; reitor por dois períodos, 1969-1976 e 1978-1983, e professor de Filosofia, Liturgia e Teologia. Exerceu o magistério também no Instituto de Filosofia e Teologia da arquidiocese de Vitória. Lecionou Filosofia e História da Filosofia na Universidade Federal do Espírito Santo, onde ocupou a subchefia do Departamento de Psicologia e Filosofia.

Eleito bispo auxiliar de Vitória, deram-lhe a missão de cuidar do setor de Vocações, Seminários e Presbíteros da Regional Leste 2 da CNBB. Paralelamente, atuou em áreas afeitas à educação seminarística, como membro do Departamento de Liturgia do Conselho Episcopal Latino Americano (CELAM) e delegado para a Assembleia Episcopal do Sínodo dos Bispos para a América, por eleição da assembleia da CNBB, confirmado pelo Papa João Paulo II.

O nome de Dom Geraldo Lyrio Rocha figura na lista exclusiva dos poucos participantes brasileiros na XIV Assembleia Geral Ordinária do Sínodo dos Bispos, realizado em Roma em outubro de 2015, para discutir a família moderna, por convocação do Papa Francisco. Presidida pelo ex-seminarista de Mariana, o cardeal Raymundo Damasceno de Assis, arcebispo de Aparecida, a delegação brasileira reuniu prelados de destaque como o cardeal João Braz de Aviz, prefeito da Congregação para os Institutos de Vida Consagrada e as Sociedades de Vida Apostólica; Dom Sérgio da Rocha, presidente da CNBB; o cardeal Odilo Pedro Scherer, arcebispo de São Paulo; Dom João Carlos Petrini, bispo de Camaçari; e Dom Sérgio Eduardo Castriani, arcebispo de Manaus.

Capítulo 17
Diáspora

Uma vez por ano, em meados de julho, os ex-alunos dos padres lazaristas tomam as estradas de Mariana, entoando cânticos como os meninos dos hebreus lembrados na antífona do Domingo de Ramos; em júbilo como Israel na saída da Babilônia de volta a Jerusalém. É o aguardado encontro organizado pela Associação dos Ex-alunos dos Seminários de Mariana (AEXAM), presidida por José Maria Gomes, o Campainha.

Deram-lhe esse apelido porque, ainda novato, foi escalado para ajudar a missa do padre Antônio da Cruz, um lazarista português neurótico, temido pela rudeza e pelo mau humor. Disseram-lhe que o celebrante gostava que o coroinha batesse a campainha com força, na consagração. O menino caprichou. O celebrante tinha horror a barulho.

Durante três dias, os ex-seminaristas reencenam a Semana de Arte nos salões e pátios do Seminário Maior São José, agora acompanhados das mulheres, filhos e netos. Mágoas, culpas, ranços e decepções do passado deram lugar a um sentimento incontido de saudade e de perdão, que alguns ousam comparar com uma espécie de síndrome de Estocolmo. Eles não se consideram mais vítimas da diáspora.

José Maria Mayrink, que passou pelo Seminário Menor antes de se mudar para o Caraça, conta como foi a entrada na Catedral de Mariana no encontro ocorrido em 2011.

> Entramos em fila, os ex-alunos, cantando o Veni Creator em latim, letra e ritmo de repente recuperados pela memória, sem precisar de ensaio, como se o tempo não houvesse passado. A diferença foi a gente ocupar a galeria dos cônegos, pertinho do altar, de onde Dom Geraldo Lyrio Rocha, meu arcebispo de agora – depois de Dom Helvécio, Dom Oscar e Dom Luciano – saudou os ex-alunos como se nós sempre fôssemos dali, rostos meio gastos, mas reconhecíveis, tamanha a nossa ligação com Mariana.

Prêmio Esso de Jornalismo, Mayrink escapou em julho de 2015 da redação do *Estadão*, onde é repórter especial, para festejar bodas de ouro de jornalismo e de casamento em Roma. Levou toda a família. Quando lançou mais um de seus livros sobre o sofrimento das pessoas nas metrópoles – *Solidão*, pela Geração Editora – o repórter Jotabê Medeiros escreveu no caderno Cultura, de *O Estado de S. Paulo*, em 26 de maio de 2014:

> Repórter com mais de 50 anos de trabalho temos poucos. Repórter que estudou Teologia, latim e Filosofia temos uns três ou quatro. Repórter com todas essas credenciais e que ainda cobriu o golpe militar do Chile, a eleição de dois Papas e a beatificação de outros dois só existe um: José Maria Mayrink.

Diz Jotabê que Mayrink, tido pelos colegas de jornal como enciclopédia em assuntos do Vaticano, orgulha-se de apresentar-se simplesmente como "católico, casado com Maria José, pai de quatro filhas e avô de oito netos". Dele, os colegas de redação contam muitas estórias. A mais católica foi quando Mayrink viajou para cobrir o conclave, após a renúncia de Bento XVI.

"Cuidado que os cardeais vão te eleger Papa" – disseram os jornalistas. Mayrink manteve o clima: "eu topo, mas só se eu puder levar Maria José para o Vaticano ".

A saudade do seminário marca, irmana e distingue, por toda a vida, aqueles que sentiram o cheiro do refeitório, conforme afirmação atribuída ao ex-seminarista e filósofo alemão Martin Heidegger. Carlos Heitor Cony, que estudou no Seminário do Rio Comprido, deu o título de "Quando os sinos badalam" à coluna da página 2 da *Folha de S.Paulo,* que publicou em 16 de agosto de 2015.

"Não me interessa ser moderno nem eterno, não guio meus passos pelos relógios". Mais para frente: "Oriento-me pelo sino do meu seminário, que me despertava, levava-me à capela, depois ao café da manhã, ao recreio e às aulas. Ouço ainda aquele sino tocando ao meio-dia para rezar o Angelus. Desprezo o horário de Greenwich ".

Assim é também a turma de Mariana. A geração da diáspora atingiu a idade sagrada das maiores personagens bíblicas dos livros do Gênesis e do Êxodo. Abrahão tinha 75 anos quando, vindo de Ur, na Mesopotâmia, partiu, sem descendentes, de Harã para a Terra Prometida. Moisés, mais idoso, ouviu o chamado de Jeová para libertar seu povo do Egito, aos 80 anos de idade. Os ex-seminaristas de Mariana alcançaram o direito à respeitabilidade e sabedoria que as escrituras sagradas conferem aos anciãos.

São contemporâneos do Papa Francisco, nascido Jorge Mario Bergoglio em Buenos Aires, em 17 de dezembro de 1936. Grande número deles teria recebido a ordem dos presbíteros na mesma época de Bergoglio.

No livro *Sobre o céu e a Terra*, em forma de diálogo com o rabino Abraham Skorka, o então arcebispo de Buenos Aires narra uma passagem de sua vida, bem parecida com o que viveu a geração de Mariana:

> Quando eu era seminarista fiquei deslumbrado por uma garota que conheci no casamento de um tio. Fiquei surpreso com sua beleza, sua luz intelectual... e, bem, andei confuso um bom tempo, pensava em parar. Quando voltei ao seminário, depois do casamento, não consegui rezar ao longo de uma semana inteira, porque quando me dispunha a orar, a garota aparecia em minha cabeça. Tive que voltar a pensar no que estava fazendo. Ainda era livre, porque era seminarista, podia voltar para casa e tchau. Tive que repensar a opção. Tornei a escolher – ou a me deixar escolher – o caminho religioso. Seria anormal se não acontecesse esse tipo de coisas (BERGOGLIO; SKORKA, 2013, p. 49).

Em 13 de dezembro de 1969, aos 33 anos de idade, Jorge Mario Bergoglio fez a escolha definitiva: foi ordenado padre da Companhia de Jesus. Em 1992, foi feito bispo auxiliar de Buenos Aires e cinco anos depois nomeado arcebispo da capital portenha e primaz da Argentina. João Paulo II impôs-lhe o barrete cardinalício em 2001.

Não é à toa que João Batista Lima, que em 2015 trabalhava como mobilizador do SENAR em São Domingos do Prata, Minas Gerais, identifica-se com Papa Bergoglio. Em 1966, completara o terceiro ano de Filosofia e, aos 23 anos de idade, estudava o primeiro ano de Teologia.

Em e-mail, Lima confessa que ficou feliz quando foi avisado por seu colega Paulo Roberto Magalhães, residente no Espírito Santo, sobre os 50 anos da diáspora. "Foi o Espírito Santo que soprou para o Paulo Roberto me lembrar".

Gostei desta lembrança e voltei rapidamente ao passado e ao presente. Ontem, João XXIII. Hoje, Francisco. Ontem Mater et Magistra. Hoje, Laudato si. Então, amigo Paulo Roberto, naquela época viramos noites discutindo com base numa apostila do padre William Silva, da JOC, e em outros documentos do concílio, questionando uma Igreja dentro de casa. Hoje, o Papa Francisco fala: vá para as comunidades, saia de casa.

O Papa Francisco, em seu discurso aos movimentos populares, na Bolívia, propôs três tarefas para eles. Também voltei ao ontem relembrando nossas buscas de mudanças lá em Mariana. Primeira proposta do Papa Francisco: por a economia a serviço dos povos.

Parece que foi ontem quando nos questionávamos:

1. Que sabemos fazer operacionalmente?
2. Como interpretar a situação do povo com relação ao trabalho se não sabemos nem datilografia?

Então, uns foram criar peixe, outros foram fazer tijolo. Alguns foram dirigir grupos de escoteiros e outros foram dar aula no colégio do padre Avelar. Um grupo foi para Belo Horizonte, lá formaram repúblicas e passaram a trabalhar e estudar Teologia no Instituto Central de Filosofia e Teologia. Acreditamos e foi bom. Não mudamos a economia, mas várias mudanças aconteceram. O que será que Dom Marcos Noronha, padre William Silva e outros pensariam hoje sobre esta busca?

A segunda tarefa proposta por Papa Francisco é unir nossos povos no caminho da paz e da justiça. Naquela época, quantos de nossos colegas sonharam com a justiça! Quantos partiram para atuar em movimentos estudantis, em organizações políticas e em programas de cooperativismo!

Parece que João XXIII e Francisco estão falando a mesma coisa, mas cada um está no seu tempo e no seu mundo. A terceira proposta é mais atual, é defender a mãe Terra. Naquela época não havia tanta preocupação com a natureza. Havia mais preocupação com o ser humano. Peçamos ao Espírito Santo que os documentos desses dois Papas sirvam de inspiração para nós.

Ex-presidente da AEXAM, João Gabriel Teixeira, o Japão, guarda vivas recordações da manhã em que foi colocado para fora das muralhas de Jerusalém e lançado ao exílio, na diáspora marianense. A decisão de fechar o seminário, " um ato abrupto e intempestivo", interrompeu "a trajetória de muitos jovens".

Ingressara no Seminário Maior em 1964, aos 18 anos de idade, "quando padre Cornélio era o reitor e Miguel Vital, o deão dos filósofos". O aluno deão funcionava como regente da turma, uma espécie de representante do disciplinário. Natural de Itajubá, fazia parte da diocese de Pouso Alegre. Aluno do terceiro ano de Filosofia em 1966, testemunhou o dia da diáspora.

Sim, me lembro. Foi uma reunião extraordinária, pelo conteúdo e mesmo pela convocação. Não me lembro exatamente o que estava fazendo, mas de súbito fui chamado a me dirigir ao salão teológico para um comunicado do padre reitor.

Fiquei atônito, pasmo, nocauteado. A turma de Pouso Alegre foi pega de surpresa, não apresentava uma opinião comum sobre o futuro, um desejo mais nítido do lugar onde estudar. Já se falava que, por questão de honra, Dom Oscar reabriria o Seminário Maior no próximo semestre letivo. Daí alguns já questionavam o que haveria de ser na qualidade do ensino e na mentalidade e consequentemente sua repulsa ou resignação...

Dom José D´Ângelo Neto reuniu em palácio a turma, fez perguntas e marcou um próximo encontro para semanas depois (não sei precisar agora quanto tempo depois, mas o avaliei dilatado). Já munido de informações mais detalhadas (acredito que os dados da enquete com os estudantes realizada em Mariana. Será que os lazaristas deixaram algum documento, algum registro ou relatório, ao deixar Mariana?).

O fato é que Dom José D´Ângelo conduziu os trabalhos fornecendo um roteiro a ser respondido pelos grupos e fazendo exposição sobre o celibato, o sacerdócio e a Igreja naquele contexto de uma profusão de documentos conciliares e pronunciamentos de João XXIII, ambos com muita aceitação e legitimidade entre nós. Mas liberou novamente o grupo, que passou a aguardar em casa sua decisão.

Arrumei algumas aulas em Itajubá, participava de um grupo de Ação Católica na cidade e formatei o meu desejo: estudar Teologia, não participar mais de grande internato como Mariana ou Coração Eucarístico/BH, mas de uma pequena comunidade e ter concomitante uma experiência de trabalho.

Quando novamente chamado pelo bispo de Pouso Alegre, já no começo do ano seguinte, não mais em turma, mas sozinho, ele não aceitou meus planos, deixando-me à vontade para traçar meu caminho. Foi quando, graças à interferência de um amigo, procurei Dom Marcos Noronha, de Itabira, que prontamente me acolheu, com meus projetos, dúvidas e certezas. Por sugestão de Dom Marcos, escrevi uma longa carta a Dom José D´Ângelo narrando meus passos e agradecendo a formação recebida.

Matriculado no Instituto Central de Filosofia e Teologia da PUC, em Belo Horizonte, passei a fazer parte de uma república de estudantes, em Santa Tereza, na qual quatro colegas estavam na mesma condição que a minha.

Na releitura do que ocorreu em setembro de 1966, Japão recorre a Henri Lefebvre (1901-1991), um filósofo francês de linha marxista, que criou o método regressivo-progressivo para investigar a realidade social.

Conhecer os motivos do fechamento não é uma tarefa simples. Tal análise depende do uso de noções prévias como níveis e dimensões que podem introduzir certa organização e simplificação na leitura do que ocorreu 50 anos atrás.

Seguindo as pistas propostas por Henri Lefebvre, no nível mais abstrato, na ordem mais distante havia diferenças profundas entre o que pensava e queria para seus pastores em formação o arcebispo de Mariana Dom Oscar de Oliveira e a liderança dos formadores da Congregação da Missão, os padres lazaristas.

Um reteve o que pôde para que seu clero continuasse a usar a batina enquanto outros investiam em conciliar a novidade – o pensamento cósmico, a opinião evolucionista e a doutrina cristocêntrica de Teilhard de Chardin – com a tradição. Não que o currículo dos lazaristas fosse atualizado, perfeito mas abria portas: fui aluno, em história da Filosofia, do padre Cornélio – brilhante, erudito, mas não ultrapassava o Leonel Franca e do padre Ildeu – metódico e que nos apresentou Chardin, Mounier, Kierkegaard, Sartre, Bergson, Maritain, Tristão de Athaíde, entre outros. No ICFT/PUC as disciplinas apresentavam maior diversidade de fontes, mas as apresentações em sala mais rápidas. Mas foi lá que senti a biblioteca que não tive em Mariana e senti saudade dos grupos de discussão e complemento da formação como CAC, CISO que tive.

Em um nível de menor abstração de análise, numa ordem mais próxima as diferenças eram mais epidérmicas. Não tenho evidências sobre o cotidiano do relacionamento entre Dom Oscar e os padres lazaristas. Os contatos em público pareciam cerimoniosos.

Lembro-me da presença do bispo numa apresentação de uma peça de teatro quando fez uso da palavra depois do espetáculo. Em seguida, um aluno foi falar algo e foi por ele interrompido: sou aqui a maior autoridade, depois de mim ninguém fala... Esse e outros episódios são meros fragmentos, no máximo indicativos de outras realidades.

Japão enxerga indícios que justificam a teoria conspiratória sobre a diáspora:

Quero dizer do contexto deste relacionamento. Sou de opinião que o fechamento estava adredemente preparado ou desejado. A entrega do relato da enquete realizada com os alunos soou certamente como uma provocação. Por ocaso havia um plano que orientasse mudanças?

Se tenho dúvidas sobre ocorrido nesse nível da ordem próxima, não tenho dúvida alguma de aquela mais de uma centena jovens repletos de bons propósitos, estudiosos e preocupados com o seu destino, com muitas dúvidas foi usada como massa de manobra. Não fomos sujeitos, mas objeto daquele ato abrupto e intempestivo. Muitos tiveram sua trajetória interrompida.

O ex-padre Osvaldo Costa, então contemporâneo de um grupo de seminaristas pró-renovação do seminário, afirma que a agitação pastoral, que antecedeu a diáspora, não tinha como objetivo fechar o seminário.

> Ninguém pensava nisto. O objetivo era simplesmente renovar a realidade sob a inspiração do Vaticano II e o método era da Ação Católica. Os padres lazaristas estavam conosco e refletiam conosco. Nossos professores eram competentes e nossos amigos. Acompanhavam de perto nossos trabalhos de estudo e pastoral.

João Batista Lembi Ferreira guarda boas lembranças de Osvaldo Costa:

> Conheci-o já diácono. Rapaz discreto, inteligente, laborioso, com perfil de artista, por quem muito me simpatizei. Amabilidade é um traço forte em sua rica personalidade. Era enredado com a JOC e a JAC. Lembro-me do entusiasmo dele com a moçada das bandas de Viçosa, Saúde.

O que não deu certo? Osvaldo tem uma explicação:

> A decisão de fechar o Seminário veio do Arcebispo Dom Oscar de Oliveira. Todos conheciam e sabiam da linha reacionária do arcebispo. Ele não rezava com o Vaticano II e não concordava com as renovações já em curso em todo ambiente do Seminário. O arcebispo não tolerava a Ação Católica. Além disso, estava compromissado com o golpe militar de 1964. Achava que o Seminário estava ocupado por um bando de comunistas. Conclusão óbvia: o fechamento do Seminário nada mais representou do que uma simples atitude em comparação do fechamento da

Ação Católica pelo Papa João Paulo II e do grande atraso da Igreja Católica provocado pelos Papas João Paulo II e Bento XVI.

Passados tantos anos e, agora, com a ajuda da lanterna da psicanálise, o ex-padre lazarista João Batista Lembi Ferreira medita sobre os agitados dias de setembro de 1966 na terra de Alphonsus, "pobre Alphonsus". *In illo tempore*, ainda desprovida de barragens das mineradoras da Samarco e da Companhia Vale do Rio Doce, a lama de Mariana era o medo da sexualidade.

Segundo ele, "a discussão não repousava em ser contra ou a favor do celibato", mas ela serviu de pretexto para o fechamento traumático do seminário. Na verdade, Fábio Madureira, que escapara do Seminário de Diamantina após o racha entre Dom Sigaud e os padres lazaristas, conta que sua turma em Mariana se preocupava com a formação sacerdotal e a Igreja.

Seu depoimento sequer cita o celibato. Mandado para o Maior de Mariana em 1966 pelo arcebispo de Brasília, Dom José Newton, que o acolhera, Fábio Madureira estreava no movimento juvenil que sonhava com uma nova Igreja. Ele e outros trinta seminaristas do primeiro ano de Filosofia se revezavam em discussões intermináveis "nos grupos de reflexão estimulados por nosso supervisor, o padre Argemiro, que também era o diretor espiritual".

Os grupos reuniam-se no recreio da noite. Fábio diz que ele e os colegas, "por coincidência, todos estávamos descontentes". Acharam conveniente manifestar sua visão, amadurecida nos recreios da noite, ao padre Argemiro. O diretor espiritual aplicou uma pesquisa na turma do primeiro ano de Filosofia, replicou-a entre os alunos do segundo e terceiro anos de Filosofia e, em seguida, nas turmas de Teologia. "Foram os resultados dessa pesquisa que os Lazaristas levaram a D. Oscar e deu no que deu."

Celibato não era o fulcro da questão, mas sofreu uma demonização geral. Fala o psicanalista Lembi Ferreira:

> Um olhar para os anos 60, para João XXIII e para o Concílio Vaticano II explica melhor a questão. A sexualidade ganhou maior idade. A psicanálise, a psiquiatria, a antropologia se encarregaram de mostrar a dignidade e nobreza do sexo, vilipendiado no ocidente judaico-cristão como fraqueza da carne, matéria de pecado e obra de Satanás. Claro, assim sendo, é fácil entender a apologia da excelência da castidade e por tabela do celibato. Freud estava já fora do índex. Podia ser lido e comentado. O padre médico João Mohana era o preferido dos alunos, com livros didáticos e muito bem ilustrados. O padre teólogo Joseph Nuttin, da Universidade de Louvain, era discutido nas aulas de psicologia, no tema Eros *versus* Tânatos. A zanga estava com a preconceituosa visão sobre o ser sexuado, tão obra divina como os anjos sem sexo. Por que obrigatoriedade do celibato como condição *sine qua non* para o múnus sacerdotal? As explicações não eram mais convincentes. Não se tirava o valor da vida consagrada. A verdade das estatísticas é que 90 e muitos por cento eram contra o celibato obrigatório. Não se opunham a ele, se fosse opcional.

Teria sido muito mais simples se a Igreja tivesse seguido o conselho do polêmico arcebispo de Diamantina. João Batista revela o que seu confrade padre José Isabel da Silva Campos dizia ter ouvido da boca de Dom Geraldo Sigaud, como paliativo para o celibato: "a abolição da masturbação como pecado mortal".

Nos anos 1960, as angústias, crises e perplexidades não eram monopólio da Igreja Católica no Brasil. Luiz Felipe

Lehman, coordenador do Ministério de Comunicação da Igreja Metodista Izabela Hendrix, em Belo Horizonte, conta que os jovens metodistas vivenciaram situação parecida com a de Mariana que resultou também no fechamento da Faculdade de Teologia em São Paulo.

> Vivíamos o período do regime militar, que logo se tornou o alvo principal do movimento estudantil no Brasil. Não só as universidades e escolas seculares foram tomadas pela revolta juvenil, que se celebrizou com os eventos de maio de 1968 capitaneados por Daniel Cohn-Bendit, em Paris.
>
> Em 1968, seminários teológicos de igrejas protestantes também foram afetados por este sentimento de revolta contra o autoritarismo. Naquela época, com 22 anos de idade, além de estudar na Faculdade de Ciências Econômicas da UFMG, eu era membro ativo da Igreja Metodista Central de Belo Horizonte, e vice-presidente da Sociedade de Jovens.
>
> O Seminário da Igreja Presbiteriana do Brasil expulsou uma turma inteira de seminaristas do seminário de Campinas e diversos professores, tanto de Campinas como do Seminário de Recife. Alguns destes alunos expulsos foram recebidos pela Faculdade de Teologia da Igreja Metodista em Rudge Ramos, São Paulo.
>
> A turma de formandos de 1967, convidou como paraninfo, Dom Helder Câmara, considerado por muitos como um expoente na luta contra o regime militar, o que causou desconforto e revolta na ala mais conservadora da Igreja Metodista.
>
> Na Faculdade Metodista, o movimento pedia maior participação do corpo discente na administração do Seminário. O movimento cresceu com greve de

funcionários e de seminaristas. Este movimento culminou com a decisão do Colégio Episcopal de expulsar um aluno, fechar o seminário mandando todos os alunos de volta para suas respectivas regiões.

Um ano depois, o seminário, completamente reestruturado, foi reaberto.

Em Mariana não foi diferente. Em 20 de fevereiro de 1967, escreve o historiador monsenhor Flávio Carneiro Ribeiro, "sob a direção dos padres diocesanos, o seminário São José reabriu as suas portas, com trinta e seis promissoras vocações, retomando esperançoso sua histórica missão ".

Mariana retomou o caminho de formar o clero mineiro, agora sem os lazaristas. Em seus 265 anos de funcionamento, completados em 2015, o Seminário Maior ordenou cerca de 5 mil padres. Ao longo dos séculos XVIII, XIX e XX, até 1987, quando o arquivo de dados foi interrompido, o Arquivo Eclesiástico da Arquidiocese de Mariana registra 4.857 processos *"De Genere et Moribus"*. Esse processo eclesiástico, que a Igreja usava para impedir a ordenação de cristãos novos, levantava a genealogia dos candidatos ao sacerdócio. Se ele tinha parentesco, filho ou neto, de hereges, judeus, mouros ou de qualquer outra raça "infecta" como negro ou mulato; se é corcunda, aleijado de perna, braço ou dedo ou tem alguma deformidade que cause escândalo ou nojo a quem o vê. Em Mariana, contudo, os bispos faziam vistas grossas sobre esses requisitos e ordenaram negros como Silvério Gomes Pimenta e Francisco de Paula Victor. Apadrinhado por Dom Viçoso, Silvério, natural de Congonhas, foi o primeiro arcebispo de Mariana. Victor, de Campanha, também acolhido por Dom Viçoso, foi beatificado em 2015 pelo Papa Francisco.

O Vaticano acostumou-se a pescar entre os ex-alunos de Mariana bons candidatos à mitra. Segundo o Arquivo

Eclesiástico, 48 ex-alunos foram nomeados bispos e três deles, todos mineiros, receberam o chapéu de cardeal – Dom Carlos Carmelo de Vasconcelos Motta, Dom Lucas Moreira Neves e Dom Raimundo Damasceno de Assis.

Desde a posse do arcebispo Dom Luciano Mendes de Almeida e durante a gestão atual de Dom Geraldo Lyrio Rocha, 20 padres foram enviados a Roma para mestrado ou doutorado em institutos da Santa Sé. Segundo padre Danival Milagres Coelho, diretor da Comunidade de Filosofia do Seminário Maior São José e ele próprio formado em Roma, a maioria deles matriculou-se na Pontifícia Universidade Gregoriana, no Pontifício Instituto Bíblico de Roma, na Pontifícia Universidade Alfonsiana e o Ateneu Romano de Santa Cruz.

Em 2015, Mariana abrigava 71 seminaristas maiores – 27 alunos de Teologia e 44 de Filosofia. Desse total, 53 pertenciam à arquidiocese de Mariana; 11 da diocese de Governador Valadares; 5 da diocese de Divinópolis e 3 da diocese de Januária.

Referências

Este livro-reportagem é culpa do psicanalista João Batista Lembi Ferreira. Ele me instigou a escrevê-lo. E assistiu-me com zelo de mestre (foi professor do Seminário Maior de Mariana) e o aconselhamento de psicanalista. Enviou-me trechos de seu diário escrito nos dias turbulentos do fechamento do Seminário. No rastro de suas lembranças, colhi depoimentos de padres, seminaristas, testemunhas oculares do episódio que escandalizou Minas. Recebi e-mails com a memória da diáspora marianense. Foram de grande auxílio também o diário pessoal de, Guilherme Porto e os depoimentos de Luciano Montenegro Castello. Na Hemeroteca Histórica da Biblioteca Pública Estadual Luiz de Bessa encontrei jornais com o noticiário vívido daqueles dias: *O Diário, Estado de Minas, Diário da Tarde, O Globo, Jornal do Brasil, Correio da Manhã*; revista *Manchete*. Entre eles, um noticiário que incomodou até mesmo o poeta Carlos Drummond de Andrade, conforme sua crônica no *Estado de Minas*. Abaixo estão listadas as minhas demais fontes de pesquisa.

AMOROSO LIMA, Alceu. *Cartas do pai (de Alceu Amoroso Lima para sua filha madre Tereza)*. São Paulo: Instituto Moreira Salles, 2003.

ANDRADE, C. D. *Carmina Drummondiana*. Versão para o latim de Silva Bélkior. Rio de Janeiro: Salamandra; Brasília: Ed. da UnB, 1982.

ANDRADE, C. D. O fim. *Estado de Minas*, 15 set. 1966, Belo Horizonte, 1982.

AZZI, Riolando. Igreja e Estado em Minas Gerais: crítica institucional. *Revista Síntese*, n. 38. 1986.

BERGOGLIO, J.; SKORKA, A. *Sobre o céu e a terra*. São Paulo: Paralela, 2013.

CALENDÁRIO do Seminário Maior Arquidiocesano de Mariana para o ano de 1965, livro de bolso distribuído aos seminaristas.

CAMELLO, Maurílio José de Oliveira. *Dom Antônio Ferreira Viçoso e a reforma do clero em Minas Gerais no século XIX*. Tese (Doutorado) – Universidade de São Paulo, São Paulo, 1986.

DIÁRIO do Imperador Dom Pedro II. Petrópolis: Museu Imperial, 1999.

GAUDIUM ET SPES - Constituição pastoral sobre a Igreja no mundo atual, Papa Paulo VI, Roma 1965. Disponível em: <http://www.vatican.va/archive/hist_councils/ii_vatican_council/documents/vat-ii_const_19651207>. Acesso em 13 out. 2016.

GENS SEMINARII, revista do Seminário de Mariana e da Associação dos Ex-Alunos dos Seminários de Mariana. Vários números.

GUIMARAENS, A. *Pastoral aos crentes do amor e da morte*. São Paulo: Monteiro Lobato, 1923.

MARIOSI, João de Assis. Desafios e Poesias. 3 ed. Brasília, Distrito Federal, DROP Comunicação Gráfica, 2015

O CACHOEIRA, informativo da família Silva Terra, número 4 (26/11/2014)

OPTATAM TOTIUS, decreto sobre a formação sacerdotal, Papa Paulo VI, Roma, 1965. Disponível em: http://www.vatican.va/archive/hist_councils/ii_vatican_council/documents/vat-ii_decree_19651028_>. Acesso em: 13 de out. 2016.

PEREIRA, L. C. B. *As revoluções utópicas dos anos 60: a revolução estudantil e a revolução política na Igreja*. São Paulo: Editora 34, 2006.

PIMENTA, S. G. *Vida de D. Antonio Ferreira Viçoso*. Bispo de Marianna, Conde da Conceição. Mariana: Typ. Salesiana, 1876.

RESENDE, Maria Efigênia Lage de; VILLALTA, Luiz Carlos (Orgs.). *As Minas Setecentistas, v. 2*. Belo Horizonte: Autêntica; Companhia do Tempo, 2007.

RODRIGUES, Flávio Carneiro; SOUZA, Maria José Ferro (Orgs.). *O Copiador de Dom Frei Manoel da Cruz*. (Cadernos históricos do Arquivo Eclesiástico da Arquidiocese de Mariana, v. 5). Mariana: Editora Dom Viçoso, 2008.

RODRIGUES, Flávio Carneiro. *O báculo e a mitra de Dom Oscar de Oliveira, 11º bispo e 3º arcebispo de Mariana (1960-1988)*. (Cadernos históricos do Arquivo Eclesiástico da Arquidiocese de Mariana, v.7). Mariana: Editora Dom Viçoso, 2012.

RODRIGUES, Flávio Carneiro. *Os dois relatórios decenais - Visitas ad Limina de Dom Antônio Ferreira Viçoso (1853-1866)*. (Cadernos históricos do Arquivo Eclesiástico da Arquidiocese de Mariana, v. 4) Mariana: Editora Dom Viçoso, 2005.

RODRIGUES, Flávio Carneiro. *Os relatórios decenais dos bispos de Mariana enviados à Santa Sé – Visitas ad Limina*. (Cadernos históricos do Arquivo Eclesiástico da Arquidiocese de Mariana, v.3). Mariana: Editora Dom Viçoso, 2005.

SALLES, J. Se *não me falha a memória*. Rio de Janeiro: Instituto Moreira Salles, 1993.

SIGAUD, G. P. *Catecismo anticomunista*. 3. ed. São Paulo: Vera Cruz, 1963.

TRINDADE, Raimundo. *Arquidiocese de Mariana, subsídios para a sua história*. 2. ed. Belo Horizonte: Imprensa Oficial de Minas Gerais, 1955. v. 2.

TRINDADE, Raimundo. *Arquidiocese de Mariana: subsídios para sua história*. 2. ed. Belo Horizonte: Imprensa Oficial de Minas Gerais, 1953. v. 1.

TRINDADE, Raimundo. *Breve Notícia dos Seminários de Mariana* (Publicação comemorativa do bicentenário do Seminário e cinquentenário sacerdotal de Dom Helvécio Gomes de Oliveira). Editada pela Arquidiocese de Mariana. São Paulo: Gráfica Revista dos Tribunais, 1953.

VIDIGAL de Carvalho, José Geraldo. *Dom Oscar de Oliveira: um apóstolo admirável*. Viçosa, MG: Folha de Viçosa, 2006.

ZICO, José Tobias. *Congregação da Missão no Brasil. Resumo histórico (1820-2000)*. Contagem, MG: Lithera Maciel Editora Gráfica Ltda, 2000.

Este livro foi composto com tipografia Bembo e impresso
em papel Off-White 80 g/m² na Formato Artes Gráficas